JUMP Math

Cahier 3 Partie 1

Table des matières

jump math

MULTIPLYING POTENTIAL.

JUMP Math
One Yonge Street, Suite 1014
Toronto, Ontario M5E 1E5
Canada
www.jumpmath.org

Auteurs : Dre Anna Klebanov, Saverio Mercurio
Rédacteurs : Megan Burns, Liane Tsui, Julie Takasaki, Natalie Francis, Julia Cochrane, Jackie Dulson, Janice Dyer, Pauline Pelletier, Jodi Rauch
Traducteur : Kativik Ilisarniliriniq
Mise en page et illustrations : Linh Lam, Fely Guinasao-Fernandes, Sawyer Paul
Conception de la couverture : Blakeley Words+Pictures
Photo de la couverture : © Shutterstock/irin-k

ISBN 978-1-928134-78-7

Sixième impression juin 2022

Publié à l'origine en 2016 à titre de la New Canadian edition of JUMP Math AP Book 3.1 (978-1-927457-95-5).

Imprimé et relié au Canada

Bienvenue à JUMP Math

L'entrée dans le monde de JUMP Math suppose de croire que tout enfant a la capacité d'apprendre à compter et d'aimer les mathématiques. Le mathématicien fondateur John Mighton a utilisé cette prémisse pour élaborer cette méthode d'enseignement novatrice. Les ressources qui en résultent isolent et décrivent les concepts de manière tellement claire et progressive que tout le monde peut les comprendre.

JUMP Math propose des guides pour les enseignants, qui sont au cœur même du programme, des leçons pour tableau interactif, des cahiers d'exercices et d'évaluation des élèves, du matériel d'évaluation, des programmes de sensibilisation et de la formation pour les enseignants. Tous ces éléments se trouvent sur le site Web de JUMP Math : **www.jumpmath.org**.

Les guides à l'intention des enseignants sont proposés sans frais sur le site Web. Lisez l'introduction de ces guides avant de commencer à vous en servir, afin de bien comprendre la philosophie et la méthodologie de JUMP Math. Les cahiers d'exercices et d'évaluation sont conçus pour être utilisés par les élèves sous la supervision d'un adulte. Chaque élève a des besoins uniques, de sorte qu'il est important de lui offrir le soutien et l'encouragement appropriés au fur et à mesure qu'il ou elle progresse.

Il faut dans la mesure du possible permettre aux élèves de découvrir les concepts par eux-mêmes. De fait, les découvertes mathématiques peuvent se faire à petits pas, de manière graduelle, de sorte que la réalisation d'une nouvelle étape ressemble à la réussite d'une section d'un casse-tête. C'est tout à la fois excitant et enrichissant!

Les élèves devront répondre aux questions marquées d'un dans un cahier d'exercices à feuilles quadrillées. Assurez-vous de toujours avoir des cahiers à feuilles quadrillées à portée de main pour répondre aux questions supplémentaires ou s'il est nécessaire de faire des calculs supplémentaires.

Table des matières

Unité 4 : La mesure : Longueur et périmètre

Unité 5 : Géométrie : Les formes

Unité 6 : Logique numérale : Compter par bond et multiplication

Unité 7 : Logique numérale : Multiplication

Unité 8 : La mesure : Aire

Unité 9 : Probabilité et traitement de données : Les tableaux

PARTIE 2
Unité 10 : Logique numérale : Division

Unité 11 : Les régularités et l'algèbre : Les régularités et les équations

Unité 12 : Logique numérale : Les fractions

Unité 13 : La mesure : Le temps

Unité 14 : La mesure : La capacité, la masse et la température

Unité 15 : Logique numérale : L'estimation

Unité 16 : Logique numérale : L'argent

Unité 17 : Géométrie : Les transformations et les formes 3D

Unité 18 : Probabilité et traitement de données : Les graphiques et la probabilité

PA3-1 Compter

Trouve la différence entre 12 et 15 en comptant sur tes doigts.

12   13   14   15

Quand tu dis 15, tu as 3 doigts levés.

Ainsi, la **différence**, ou l'**écart**, entre 12 et 15 est 3.

1. Trouve la différence entre les nombres.

a) 2 ④ 6   b) 3 ◯ 8   c) 5 ◯ 8   d) 4 ◯ 5

e) 3 ◯ 6   f) 3 ◯ 4   g) 2 ◯ 5   h) 4 ◯ 7

i) 1 ◯ 5   j) 7 ◯ 10   k) 6 ◯ 9   l) 3 ◯ 9

m) 5 ◯ 10   n) 2 ◯ 8   o) 8 ◯ 10   p) 2 ◯ 7

q) 5 ◯ 7   r) 4 ◯ 8   s) 3 ◯ 7   t) 1 ◯ 6

2. Trouve la différence entre les nombres.

a) 13 ◯ 15   b) 17 ◯ 19   c) 12 ◯ 16   d) 15 ◯ 19

e) 19 ◯ 23   f) 16 ◯ 20   g) 18 ◯ 23   h) 17 ◯ 22

BONUS ▶

i) 32 ◯ 36   j) 47 ◯ 51   k) 61 ◯ 67   l) 68 ◯ 72

m) 92 ◯ 96   n) 98 ◯ 101   o) 78 ◯ 82   p) 96 ◯ 100

PA3-2 Les régularités numériques par addition

Quel nombre est 4 de plus que 16? Ou que font 16 + 4?

Trouve la réponse en comptant sur tes doigts.

Dis 16 avec ton poing fermé. Compte alors à partir de 16 jusqu'à ce que tu aies relevé 4 doigts.

16   17   18   19   20

Le nombre 20 est 4 de plus que 16.

1. Ajoute le nombre dans le cercle au nombre situé à son côté.

a) 7 ② _q_   b) 9 ③ _____   c) 6 ④ _____   d) 17 ③ _____

e) 19 ④ _____   f) 13 ⑧ _____   g) 31 ⑤ _____   h) 27 ⑨ _____

i) 32 ⑤ _____   j) 42 ⑦ _____   k) 84 ⑤ _____   l) 62 ③ _____

m) 54 ⑥ _____   n) 63 ⑤ _____   o) 93 ④ _____   p) 87 ⑤ _____

q) 82 ④ _____   r) 94 ③ _____   s) 75 ⑥ _____   t) 97 ② _____

2. Écris le nombre qui manque.

a) _____ est 3 de plus que 8.   b) _____ est 3 de plus que 7.

c) _____ est 4 de plus que 6.   d) _____ est 1 de plus que 8.

e) _____ est 5 de plus que 4.   f) _____ est 5 de plus que 32.

g) _____ est 8 de plus que 37.   h) _____ est 7 de plus que 54.

BONUS ▶

i) _____ est 8 de plus que 92.   j) _____ est 5 de plus que 95.

k) _____ est 3 de plus que 97.   l) _____ est 4 de plus que 96.

Continue la régularité numérique.

6 , 8 , 10 , 12 , _____

Étape 1 : Trouve l'écart entre les deux premiers nombres.

6 ②, 8 ○, 10 ○, 12 ○, _____

Étape 2 : Vérifie si l'écart entre les deux autres nombres est aussi de 2.

6 ②, 8 ②, 10 ②, 12 ②, _____

Étape 3 : Ajoute 2 au dernier nombre.

6 , 8 , 10 , 12 , _14_

3. Trouve l'écart entre les nombres, puis continue la régularité numérique.

a) 3 ○, 5 ○, 7 ○, _____, _____

b) 0 ○, 3 ○, 6 ○, _____, _____, _____

c) 0 ○, 5 ○, 10 ○, _____, _____

d) 4 ○, 8 ○, 12 ○, _____, _____, _____

e) 5 ○, 8 ○, 11 ○, _____, _____

f) 3 ○, 7 ○, 11 ○, _____, _____, _____

g) 14 ○, 16 ○, 18 ○, _____, _____

h) 11 ○, 13 ○, 15 ○, _____, _____, _____

BONUS ▶

i) 10 ○, 15 ○, 20 ○, _____, _____, _____, _____, _____

j) 21 ○, 23 ○, 25 ○, _____, _____, _____, _____, _____

4. Lundi, Jane a couru sur une distance de 14 blocs.
Chaque jour, elle court deux blocs de plus que la journée précédente.
Sur une distance de combien de blocs a-t-elle couru mercredi?

_14_ _____ _____
lundi   mardi   mercredi

PA3-3 Compter à reculons

Pour passer de 12 à 16, Ethan ajoute 4.

12   16

Pour passer de 16 à 12, il soustrait 4.

16   12

1. Trouve les nombres à additionner ou à soustraire.

a) 12 (+2) 14 et 14 (−2) 12

b) 11 ◯ 15 et 15 ◯ 11

c) 2 ◯ 5 et 5 ◯ 2

d) 10 ◯ 18 et 18 ◯ 10

e) 7 ◯ 14 et 14 ◯ 7

f) 9 ◯ 14 et 14 ◯ 9

Quel nombre faut-il soustraire de 18 pour obtenir 15?

Compte à reculons sur tes doigts pour le trouver. Une droite numérique peut t'aider à compter.

18   17   16   15

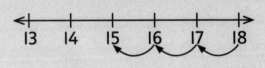

13   14   15   16   17   18

Tu as levé 3 doigts, alors en soustrayant 3 de 18, on obtient 15.

2. Quel nombre faut-il soustraire?

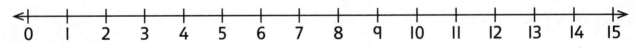

0   1   2   3   4   5   6   7   8   9   10   11   12   13   14   15

a) 7 (−3) 4

b) 6 ◯ 3

c) 9 ◯ 7

d) 5 ◯ 1

e) 8 ◯ 4

f) 10 ◯ 5

g) 15 ◯ 11

h) 13 ◯ 9

i) 14 ◯ 7

j) 15 ◯ 10

k) 14 ◯ 8

l) 12 ◯ 9

3. Trouve l'écart entre les nombres.

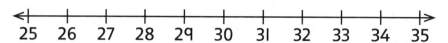

a) 32 $\overset{-4}{\bigcirc}$ 28   b) 30 $\bigcirc$ 29   c) 32 $\bigcirc$ 27   d) 30 $\bigcirc$ 26

e) 28 $\bigcirc$ 25   f) 33 $\bigcirc$ 26   g) 29 $\bigcirc$ 26   h) 31 $\bigcirc$ 25

Quel nombre faut-il soustraire de 17 pour obtenir 14? $17 - \square = 14$

Compte à reculons pour trouver la solution.

17   16   15   14

Tu as levé 3 doigts, alors $17 - \boxed{3} = 14$.

---

4. Trouve le nombre qui manque.

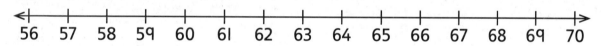

a) $63 - \boxed{4} = 59$ b) $67 - \square = 62$ c) $64 - \square = 60$ d) $64 - \square = 59$

e) $66 - \square = 56$ f) $69 - \square = 61$ g) $70 - \square = 60$ h) $65 - \square = 62$

$86 - 4$ égale 82, alors 82 est 4 de moins que 86.

---

5. Trouve le nombre qui manque.

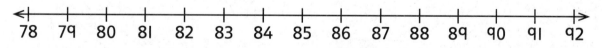

a) 81 est ___6___ de moins que 87.   b) 83 est _____ de moins que 92.

c) 83 est _____ de moins que 88.   d) 79 est _____ de moins que 82.

e) 84 est _____ de moins que 92.   f) 78 est _____ de moins que 87.

PA3-4 Les régularités numériques par soustraction

1. Trouve l'écart entre les nombres.

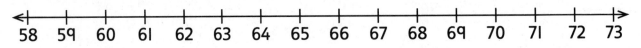

a) 66 (−5) 61

b) 69 ◯ 67

c) 60 ◯ 58

d) 68 ◯ 61

e) 81 ◯ 79

f) 70 ◯ 67

g) 72 ◯ 68

h) 61 ◯ 58

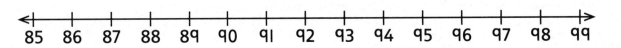

i) 93 ◯ 88

j) 91 ◯ 85

k) 93 ◯ 89

l) 97 ◯ 94

m) 91 ◯ 87

n) 98 ◯ 89

o) 96 ◯ 86

p) 95 ◯ 92

Quel nombre est 3 **de moins que** 9? Ou que font 9 − 3?

Kathy trouve la réponse en comptant à reculons sur ses doigts.

9   8   7   6

Kathy a 3 doigts levés. Le nombre 6 est 3 de moins que 9. Ainsi, 9 − 3 = 6.

---

2. Soustrais.

a) 5 (−2) _3_

b) 9 (−3) ____

c) 8 (−4) ____

d) 7 (−1) ____

e) 7 (−5) ____

f) 6 (−4) ____

g) 3 (−1) ____

h) 11 (−2) ____

i) 10 (−6) ____

j) 13 (−2) ____

k) 19 (−4) ____

l) 18 (−3) ____

m) 36 (−2) ____

n) 47 (−4) ____

o) 59 (−3) ____

p) 76 (−5) ____

3. Trouve le nombre qui manque.

a) _____ est 2 de moins que 6.

b) _____ est 2 de moins que 8.

c) _____ est 3 de moins que 8.

d) _____ est 5 de moins que 17.

e) _____ est 4 de moins que 20.

f) _____ est 6 de moins que 20.

g) _____ est 7 de moins que 28.

h) _____ est 4 de moins que 32.

i) _____ est 5 de moins que 40.

j) _____ est 4 de moins que 57.

Dans une régularité numérique obtenue par soustraction, chaque nombre est plus petit que le nombre qui vient avant.

Prolonge la régularité numérique.

11 , 9 , 7 , _____ , _____

Étape 1 : Trouve l'écart.

⌀−2⌀ ⌀−2⌀ ⌀−2⌀ ⌀−2⌀

11 , 9 , 7 , _____ , _____

Étape 2 : Prolonge la régularité numérique.

⌀−2⌀ ⌀−2⌀ ⌀−2⌀ ⌀−2⌀

11 , 9 , 7 , _5_ , _3_

---

4. Prolonge la régularité numérique en faisant des soustractions.

a) 10 ◯, 9 ◯, 8 ◯, _____, _____

b) 14 ◯, 12 ◯, 10 ◯, _____, _____

c) 23 ◯, 22 ◯, 21 ◯, _____, _____

d) 24 ◯, 21 ◯, 18 ◯, _____, _____

e) 90 ◯, 80 ◯, 70 ◯, _____, _____

f) 45 ◯, 40 ◯, 35 ◯, _____, _____

g) 81 ◯, 79 ◯, 77 ◯, _____, _____, _____

5. Ben a 10 morceaux de gommes le jeudi.
Il en mâche deux (2) chaque jour.
Combien lui reste-t-il de morceaux de gomme le samedi?

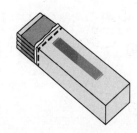

_10_	_____	_____
jeudi	vendredi	samedi

PA3-5 Les régularités numériques par addition ou soustraction

1. Prolonge la régularité numérique en utilisant l'écart.

a) 6 (+1) 7 , (+1) 8 , (+1) 9 , (+1) 10 _____

b) 8 (−2) 6 , (−2) 4 , (−2) 2 , (−2) 0 _____

c) 5 (+5) 10 , ○ _____ , ○ _____ , ○ _____

d) 3 (+3) 6 , ○ _____ , ○ _____ , ○ _____

e) 8 (+2) 10 , ○ _____ , ○ _____ , ○ _____

f) 14 (+2) 16 , ○ _____ , ○ _____ , ○ _____

g) 18 (−2) 16 , ○ _____ , ○ _____ , ○ _____

h) 25 (−5) 20 , ○ _____ , ○ _____ , ○ _____

i) 9 (−2) 7 , ○ _____ , ○ _____ , ○ _____

j) 22 (−3) 19 , ○ _____ , ○ _____ , ○ _____

k) 15 (+5) 20 , ○ _____ , ○ _____ , ○ _____

l) 13 (−1) 12 , ○ _____ , ○ _____ , ○ _____

m) 29 (−5) 24 , ○ _____ , ○ _____ , ○ _____

n) 32 (+5) 37 , ○ _____ , ○ _____ , ○ _____

o) 41 (+4) 45 , ○ _____ , ○ _____ , ○ _____

p) 46 (−3) 43 , ○ _____ , ○ _____ , ○ _____

2. a) Rani a une boîte de 24 crayons. Pendant 4 jours, elle donne chaque jour 3 crayons à son frère. Combien lui reste-t-il de crayons?

CRAYONS

24 (−) , _____ , _____ , _____ , _____

Jour 1   Jour 2   Jour 3   Jour 4

b) Amir a lu 22 pages de son livre.
Il lit 5 pages par jour, pendant 5 jours.
Combien de pages a-t-il lues en tout?

22 (+) , _____ , _____ , _____ , _____ , _____

Jour 1   Jour 2   Jour 3   Jour 4   Jour 5

Prolonge la régularité numérique. 3 , 5 , 7 , _9_

Étape 1 : Est-ce que la régularité monte ou descend? Cette régularité monte ou croît, alors tu dois additionner.

3 (+) 5 (+) 7 (+) 9

Étape 2 : Trouve l'écart. Vérifie si l'écart est toujours le même.

3 (+2) 5 (+2) 7 (+) 9

Étape 3 : Additionne ou soustrais pour continuer la régularité numérique.

3 (+2) 5 (+2) 7 (+2) _9_

3. Trouve l'écart, puis continue la régularité numérique.

a) 5 (3+) 8 (5+) 11 (3+) _14_

b) 2 (2+) 4 (2+) 6 (+2) _8_

c) 6 (4+) 10 (4+) 14 (4+) _18_

d) 11 (2+) 13 (2+) 15 (2+) _17_

e) 21 (13+) 24 (3+) 27 (3+) _30_

f) 29 (-4) 25 (-4) 21 (-4) _17_

g) 25 (+2) 23 (+2) 21 (+2) _19_

h) 12 (+5) 17 (+5) 22 (+5) _27_

i) 12 (-3) 9 (-3) 6 (-3) _3_

j) 30 (-5) 25 (-5) 20 (-5) _15_

k) 17 (+3) 20 (+3) 23 (+3) _26_

l) 22 (-3) 19 (-3) 16 (-3) _13_

m) 45 (+3) 48 (+5) 51 (+3) _4_

n) 95 (-10) 85 (-10) 75 (-10) _65_

BONUS ▶

o) 32 (+2) 34 (+2) 36 (+2) _38_ , _40_ , _42_ , _44_ , _46_ , _48_ , _50_

p) 75 (-3) 72 (-3) 69 (-3) _66_ , _63_ , _60_ , _57_ , _54_ , _51_ , _48_

PA3-6 Les régularités numériques et les règles

1. Prolonge la régularité numérique en additionnant.

   a) Additionne 3.   30, 33, _36_ , _39_ , _42_   b) Additionne 4.   60, 64, _____, _____, _____

   c) Additionne 2.   26, 28, _____, _____, _____   d) Additionne 3.   20, 23, _____, _____, _____

   e) Additionne 3.   12, 15, _____, _____, _____   f) Additionne 5.   46, 51, _____, _____, _____

   g) Additionne 4.   83, 87, _____, _____, _____   h) Additionne 5.   74, 79, _____, _____, _____

   i) Additionne 3.   76, 79, _____, _____, _____   j) Additionne 5.   80, 85, _____, _____, _____

   k) Additionne 4.   62, 66, _____, _____, _____   l) Additionne 2.   89, 91, _____, _____, _____

2. Prolonge la régularité numérique en faisant des soustractions.

   a) Soustrais 2.   12, 10, _____, _____   b) Soustrais 3.   40, 37, _____, _____

   c) Soustrais 4.   55, 51, _____, _____   d) Soustrais 3.   63, 60, _____, _____

   e) Soustrais 2.   88, 86, _____, _____   f) Soustrais 5.   79, 74, _____, _____

   g) Soustrais 4.   30, 26, _____, _____   h) Soustrais 4.   66, 62, _____, _____

   i) Soustrais 3.   87, 84, _____, _____   j) Soustrais 5.   100, 95, _____, _____

   k) Soustrais 5.   74, 69, _____, _____   l) Soustrais 3.   98, 95, _____, _____

BONUS ▶ Encercle les régularités numériques obtenues en additionnant 3.
Indice : Vérifie l'écart entre chaque paire de nombres.

   A. 3, 7, 9, 11   B. 3, 6, 9, 11   C. 3, 6, 9, 12

   D. 19, 22, 25, 28   E. 15, 18, 21, 24   F. 18, 21, 24, 29

3. Regarde la régularité numérique 2, 6, 10, 14, 18.
   Marcel dit que la régularité numérique a été obtenue en additionnant 4 chaque fois.
   A-t-il raison? Explique comment tu le sais.

   _____

   _____

4. Quel chiffre additionnes-tu pour former la régularité numérique?

   a) 2, 4, 6, 8   Additionne _____.   b) 3, 6, 9, 12   Additionne _____.

   c) 15, 18, 21, 24   Additionne _____.   d) 42, 44, 46, 48   Additionne _____.

   e) 41, 46, 51, 56   Additionne _____.   f) 19, 23, 27, 31   Additionne _____.

   g) 43, 45, 47, 49   Additionne _____.   h) 21, 27, 33, 39   Additionne _____.

5. Quel chiffre soustrais-tu pour former la régularité numérique?

   a) 16, 14, 12, 10   Soustrais _____.   b) 30, 25, 20, 15   Soustrais _____.

   c) 100, 99, 98, 97   Soustrais _____.   d) 42, 39, 36, 33   Soustrais _____.

   e) 17, 14, 11, 8   Soustrais _____.   f) 99, 97, 95, 93   Soustrais _____.

6. Écris les nombres à additionner ou à soustraire.

   a) 97, 90, 83, 76, 69   _Soustrais 7_.   b) 1, 9, 17, 25, 33, 41   _____.

   c) 81, 85, 89, 93   _____.   d) 99, 88, 77, 66   _____.

7. Écris la **règle** de la régularité numérique. Prolonge la régularité numérique.

	Régularité numérique	Règle de la régularité
a)	13, 18, 23, _____, _____, _____	Commence à _____ et additionne _____.
b)	38, 36, 34, _____, _____, _____	Commence à _____ et soustrais _____.
c)	63, 60, 57, _____, _____, _____	Commence à _____ et soustrais _____.
d)	56, 61, 66, _____, _____, _____	Commence à _____ et additionne _____.
e)	10, 17, 24, _____, _____, _____	Commence à _____ et additionne _____.
f)	76, 72, 68, _____, _____, _____	Commence à_____ et soustrais _____.
g)	85, 82, 79, _____, _____, _____	Commence à _____ et _____.
h)	23, 29, 35, _____, _____, _____	Commence à _____ et _____.
i)	76, 86, 96, _____, _____, _____	Commence à _____ et _____.

8. Utilise la règle pour former la régularité. Écris 5 nombres de la régularité.

   a) Commence à 3 et additionne 4 chaque fois. _3, 7, 11, 15, 19_

   b) Commence à 4 et additionne 5 chaque fois. _____

   c) Commence à 68 et soustrais 2 chaque fois. _____

   d) Commence à 45 et additionne 3 chaque fois. _____

   e) Commence à 97 et soustrais 10 chaque fois. _____

   f) Commence à 10 et additionne 7 chaque fois. _____

   g) Commence à 99 et soustrais 8 chaque fois. _____

   BONUS ▶ Commence à 17 et additionne 100 chaque fois. _3, 7, 11, 15, 19_

9. Anaïs forme une régularité pour la règle. Elle fait quelques erreurs.
   Corrige la régularité et explique ses erreurs.

   a) Commence à 4 et additionne 3 chaque fois. La régularité d'Anaïs est 4, 7, 11, 13, 16.

   b) Commence à 89 et soustrais 2 chaque fois. La régularité d'Anaïs est 89, 85, 83, 81, 79.

   c) Commence à 94 et soustrais 10 chaque fois. La régularité d'Anaïs est 94, 84, 64, 54.

   d) Commence à 20 et additionne 10 chaque fois. La régularité d'Anaïs est 10, 20, 30, 40.

   e) Commence à 5 et additionne 6 chaque fois. La régularité d'Anaïs est 6, 11, 16, 21, 26.

10. Regarde la régularité numérique 5, 8, 11, 14, 17.

    La règle de Tom

    Commence à 5. Soustrais 3 chaque fois.

    La règle d'Amy

    Commence à 4. Additionne 3 chaque fois.

    La règle de Jayden

    Commence à 5. Additionne 3 chaque fois.

    a) À qui appartient la règle de régularité correcte?

    b) Quelles erreurs les autres ont-ils faites? Explique.

PA3-7 Les nombres ordinaux

> Les **nombres ordinaux** indiquent la position des objets.
>
> | premier | deuxième | troisième | quatrième | cinquième | sixième | septième | huitième | neuvième | dixième |
> |---------|----------|-----------|-----------|-----------|---------|----------|----------|----------|---------|
> | 1er | 2e | 3e | 4e | 5e | 6e | 7e | 8e | 9e | 10e |

I. a) ⚇ est en ___*première*___ position.

b) ⇄ est en _____ position.

c) ▣ est en _____ position.

d) △ est en _____ position.

e) ⬡ est en _____ position.

f) ⬚ est en _____ position.

g) ▢ est en _____ position.

h) Combien d'objets y a-t-il après le sixième objet? _____

i) Combien d'objets y a-t-il après le 8e objet? _____

j) Combien d'objets y a-t-il après le quatrième objet? _____

k) Combien d'objets y a-t-il avant le huitième objet? _____

l) Combien d'objets y a-t-il avant le 3e objet? _____

m) Combien d'objets y a-t-il entre le troisième et le sixième objet? _____

n) Le cinquième objet est _____.

o) Le 10e objet est _____.

2. Liz et ses ami(e)s participent à une course avec 40 personnes.

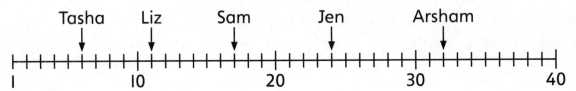

a) Qui est arrivé en 32e position dans la course? _____

b) Qui a terminé en 17e position? _____

c) Qui a terminé en 24e position? _____

d) À quelle position Tasha a-t-elle terminé la course? _____

e) À quelle position Arsham a-t-il terminé la course? _____

f) Liz a terminé la course en 11e position. Combien de places devant Sam

Liz se trouvait-elle? _____

g) Combien de personnes se trouvent entre Liz et Sam? _____

h) Combien de personnes se trouvent entre Tasha et Sam? _____

i) Combien de personnes se trouvent entre Sam et Arsham? _____

j) Jake était 4 positions derrière Jen. Marque la droite numérique ci-dessus pour

indiquer la position de Jake. _____

3. a) Quelle est la première lettre de ton nom? _____

b) Quelle est la troisième lettre du mot « pomme »? _____

c) Quelle est la 5e lettre du mot « Nunavut »? _____

d) Encercle le **2e a** dans « M a n i t o b a ».

e) Encercle le **2e o** dans « h i p p o p o t a m e ».

f) Quelle est la 7e lettre de l'alphabet? _____

PA3-8 Les régularités numériques dans les tableaux

Les **colonnes** vont de haut en bas. Elles sont numérotées de gauche à droite. La deuxième colonne est coloriée.

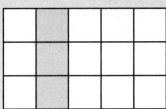

1. Colorie la colonne indiquée.

a) la Ire colonne

b) la 5e colonne

c) la 3e colonne

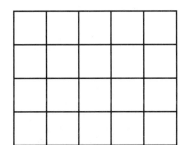  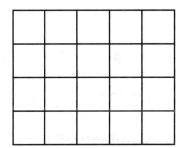

Les **rangées** vont de gauche à droite. Elles sont numérotées de haut en bas. La troisième rangée est coloriée.

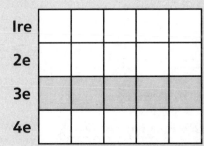

2. Colorie la rangée indiquée.

a) la Ire rangée

b) la 4e rangée

c) la 2e rangée

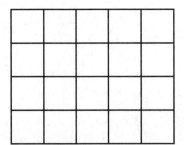 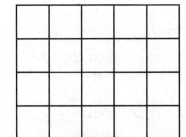

3. Colorie la rangée ou la colonne indiquée.

a) la 2e rangée

2	4	6
8	10	12
14	16	18

b) la Ire colonne

2	4	6
8	10	12
14	16	18

c) la 3e colonne

2	4	6
8	10	12
14	16	18

d) la 3e rangée

2	4	6
8	10	12
14	16	18

e) la 2e colonne

2	4	6
8	10	12
14	16	18

f) la Ire rangée

2	4	6
8	10	12
14	16	18

g) la 4e rangée

2	4	6	8
10	12	14	16
18	20	22	24
26	28	30	32

h) la 4e colonne

2	4	6	8
10	12	14	16
18	20	22	24
26	28	30	32

i) la 2e rangée et la 3e colonne

2	4	6	8
10	12	14	16
18	20	22	24
26	28	30	32

4. a) Écris la régularité sur la Ire rangée.

___1___ ___3___ _____ _____

Avec quel nombre as-tu commencé? _____

Quel nombre as-tu ajouté chaque fois? _____

1	3	5	7
3	5	7	9
5	7	9	11
7	9	11	13

b) Écris une règle pour la régularité dans la 3e colonne.

_____

_____

c) Décris deux autres régularités que tu as aperçues.

_____

_____

Nina a économisé 10 dollars en janvier.

Par la suite, elle a économisé 5 dollars chaque mois.

Nina se sert d'un **tableau en T** pour faire le suivi de ses

économies. Elle écrit une règle pour le tableau :

Commence à 10 et additionne 5 chaque fois.

Mois	$ économisés
janvier	10
février	15
mars	20

Nina inscrit le nombre de dollars économisés chaque mois.

1. Écris les écarts dans les cercles, puis écris la règle de la régularité.

a)

Mois	$ économisés
janvier	4
février	7
mars	10
avril	13

Règle : Commence à ____ et additionne ____.

b)

Mois	$ économisés
janvier	2
février	5
mars	8
avril	11

Règle : Commence à ____ et additionne ____.

c)

Mois	$ économisés
janvier	3
février	5
mars	7
avril	9

Règle : Commence à ____ et additionne ____.

d)

Mois	$ économisés
janvier	2
février	6
mars	10
avril	14

Règle : Commence à ____ et additionne ____.

e)

Mois	$ économisés
mars	4
avril	6
mai	8
juin	10

Règle : Commence à ____ et additionne ____.

f)

Mois	$ économisés
mai	1
juin	5
juillet	9
août	13

Règle : Commence à ____ et additionne ____.

2. Complète le tableau en T.

a)

Mois	$ économisés
janvier	2
février	5
mars	8
avril	
mai	
juin	

(3)
○
○

b)

Mois	$ économisés
février	6
mars	9
avril	12
mai	
juin	
juillet	

○
○
○

c)

Mois	$ économisés
juillet	1
août	6
septembre	11
octobre	
novembre	
décembre	

○
○
○

d)

Mois	$ économisés
août	4
septembre	9
octobre	14
novembre	
décembre	
janvier	

○
○
○

3. Combien de petits 4 animaux pourraient-ils avoir? Complète le tableau pour le savoir.

a)

Nombre de chattes	Nombre de chatons
1	6
2	12
3	
4	

b)

Nombre de renardes	Nombre de renardeaux
1	4
2	8
3	
4	

c)

Nombre d'ourses	Nombre d'oursons
1	2
2	4
3	
4	

Les régularités et l'algèbre 3-9

4. Combien d'argent Shelly gagnerait-elle pour 4 heures de travail?
Complète le tableau en T pour le savoir.

a)

Heures travaillées	$ gagnés
1	7

b)

Heures travaillées	$ gagnés
1	8

c)

Heures travaillées	$ gagnés
1	6

5. La location d'un canot coûte 5 dollars la première heure. Il en coûte 4 dollars pour chaque heure supplémentaire par la suite.

Heures	$ payés
1	
2	
3	

a) Combien cela coûte-t-il pour louer un canot

pendant 4 heures? _____

b) Carl a 20 dollars. Peut-il louer un canot

pendant 5 heures? _____

6. Marla fait des formes avec des carrés.

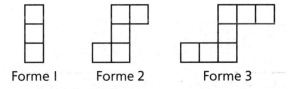

Forme 1   Forme 2   Forme 3

Forme	Nombre de carrés
1	3
2	
3	

a) Complète le tableau en T pour indiquer combien de carrés Marla a utilisés pour chaque dessin.

b) Marla a 12 carrés. Peut-elle faire la forme 5 avec cette régularité? Explique.

_____

_____

7. Marko économise 6 dollars par mois.

a) Combien économisera-t-il en 3 mois?

b) Combien de mois faudra-t-il pour que Marko économise 30 dollars?

PA3-10 Les attributs

Anna fait une régularité avec des formes. Elle utilise des différentes couleurs. Les formes ont des différentes tailles. La forme, la couleur et la taille sont des exemples d'**attributs**.

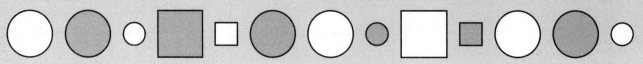

I. Est-ce que la forme, la couleur ou la taille change? Encercle l'attribut qui change.

a)
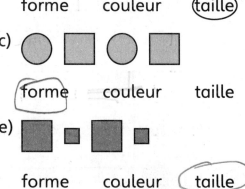

forme   couleur   (taille)

b)
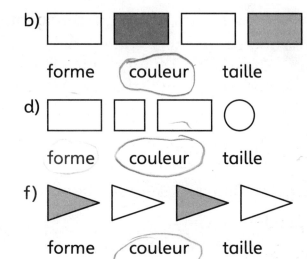

forme   (couleur)   taille

c)

forme   couleur   taille

d)

forme   (couleur)   taille

e)

forme   couleur   (taille)

f)

forme   (couleur)   taille

2. Quel attribut change? Écris « couleur », « taille » ou « forme ».

a)

taille

b)
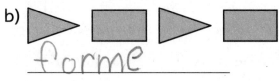

forme

c)

taille

d)
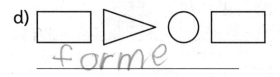

forme

3. Encercle les deux attributs qui changent.

a)
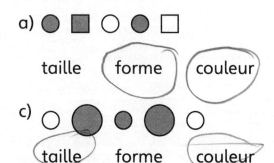

taille   (forme)   (couleur)

b)

(taille)   (forme)   couleur

c)

(taille)   forme   (couleur)

d)
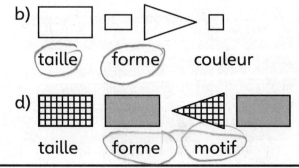

taille   (forme)   (motif)

Les régularités et l'algèbre 3-10

4. Quels sont les deux attributs qui changent? Écris « couleur »,
« taille », « motif » ou « forme ».

a) 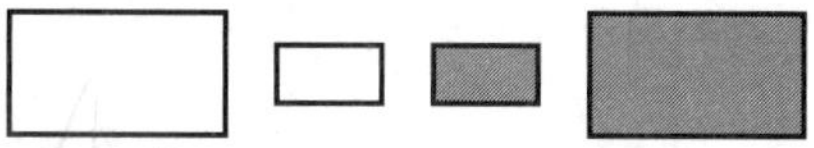 couleur, taille

b) 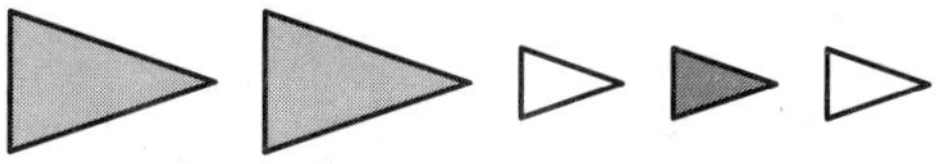 courleur, taille ✓

c)  la taille, la formé

d)  la forme, la couleur

5. Encercle tous les attributs qui changent.

a)  (forme) (couleur) taille (direction)

b) 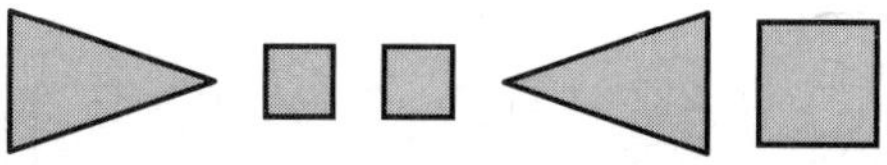 (forme) couleur (taille) (direction)

c) (forme) (couleur) taille (direction)

d) 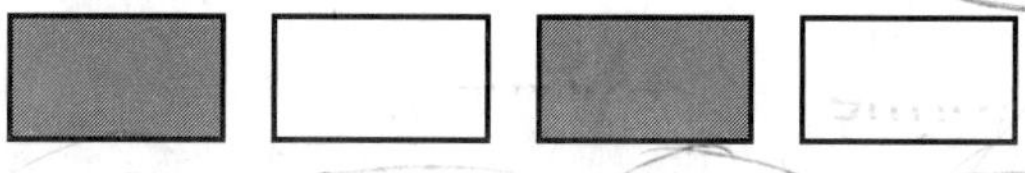 forme (couleur) taille (direction) ✓

e)  forme couleur (taille) (direction)

f)  (forme) (couleur) (taille) direction

6. Dessine cinq formes avec les attributs indiqués.

a) Même forme, même taille, différentes couleurs.

b) Même forme, même couleur, différentes tailles.

c) Même couleur, différentes formes, différentes tailles.

d) Même taille, différentes formes, différentes couleurs.

OK

e) Un attribut est constant, (deux attributs changent.)

✓ PA3-II Les régularités répétitives

Ceci est une **régularité répétitive**.

Le **centre** d'une régularité est la partie qui se répète.
Cette régularité a comme centre ☐ ☐ △.

I. Encercle le centre de la régularité.

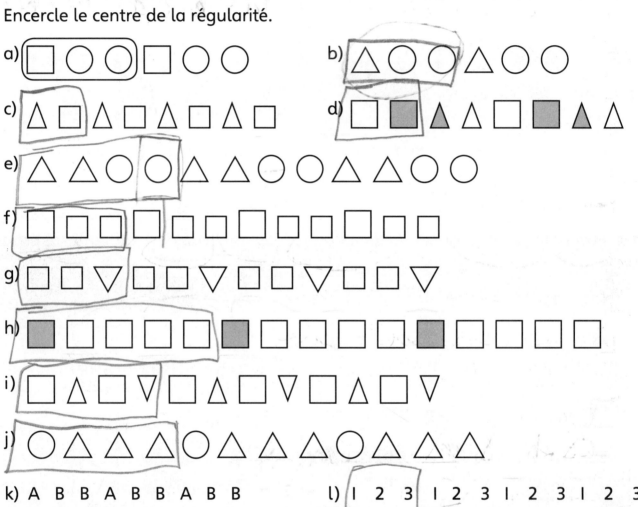

a)
b)
c)
d)
e)
f)
g)
h)
i)
j)

k) A B B A B B A B B

l) 1 2 3 1 2 3 1 2 3 1 2 3

m) 9 9 7 9 9 7 9 9 7

n) H G G e H G G e H G G e

o)

BONUS ▶

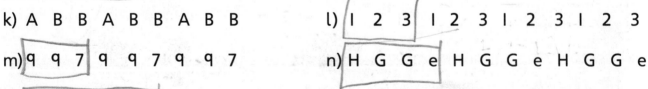

p)
q)

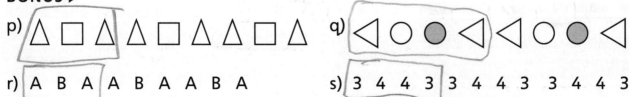

r) A B A A B A A B A

s) 3 4 4 3 3 4 4 3 3 4 4 3

22

Les régularités et l'algèbre 3-II

2. Encercle le centre de la régularité, puis continue la régularité.

✓a) □ ▣ ▨ □ ▣ ▨ □ ▨ ▨ □ ▨ ▨

✓b) A B C A B C A B C A B C A B C A

c) 2 7 9 5 2 7 9 5 2 7 9 5 2 7 9

✓d) 3 0 0 1 3 0 0 1 3 0 0 1 3 0 0 1 3

✓e) A B b A B b A B b A B b A B b A

✗f) 5 3 3 3 3 5 3 3 3 3 5 3 3 3 3 3 3

✓g) □ ○ △ ▣ □ ○ △ ▣ □ ○ △ ▣ □

✓h) ▨ ▽ △ □ ▨ ▽ △ □ ▨ ▽ △ □ ▨

✓i) △ ⊙ ◬ △ ◬ △ ⊙ △ ◬ △ ⊙ △ ◬

✓j) ↑ → ↓ ← ↑ → ↓ ← ↑ → ↓ ← ↑ →↓←

> Ray veut décrire cette régularité. □ ● ▤ □ ● ▤ Le centre est □ ● ▤.
>
> Il décrit la régularité comme suit : carré blanc, cercle noir, carré rayé, puis répéter.

3. Encercle le centre. Décris ensuite la régularité.

a) □ ○ ○ □ ○ ○ □   b) □ ▨ □ ▨ □ ▨

carré Blanc
cécle Blanc cercle blanc, grand carré rayé.

c) △ ○ ▲ □ △ ○ ▲ □   d) ↑ → ↓ ↑ → ↓ ↑ →

fléch en haut, fléch ca droite, fléche bas
triagle blanc, cercle blanc, triangle, carré blanc.

e) A B B A A B B A A B   f) I 2 3 4 I 2 3 4 I 2 3

A, B, B, A, puis répéter.   42

g) E G G E G G E G G E   h) 6 7 6 6 7 6 6 7 6 6 7 6 6

4. Dessine une régularité pour la règle. Répète le centre trois fois.

   a) Grand carré blanc, petit carré foncé, cercle rayé, puis répéter.

   b) A, c, h, puis répéter.   c) 3, 4, 4, 3, puis répéter.

   _____   _____

> **RAPPEL ▶** La couleur, la forme, la taille, le motif et la direction sont des exemples d'attributs.

5. Encercle les attributs qui changent dans la régularité.

   a) ↑ → ↓ ← ↑ → ↓ ←

      couleur   forme   taille   direction

   b) □ ○ △ ■ □ ○ △ ■

      couleur   forme   direction   taille

   c) ▨ ▽ △ □ ▨ ▽ △ □

      forme   taille   motif   direction

   d) ◁ ○ ● ▷ ◁ ○ ● ▷

      forme   couleur   taille   direction

6. Crée une régularité répétitive. Dessine 3 fois le centre. Demande à un(e) ami(e) de dessiner 5 autres formes de ta régularité.

   a) Le centre a 4 cercles. La taille et la couleur changent.

   b) Le centre a 5 formes de la même taille. La couleur et la forme changent.

   c) Le centre a 3 triangles. Le motif et la direction changent.

   d) Deux attributs changent et deux attributs restent les mêmes.

7. Crée tes propres régularités répétitives. Utilise trois formes et deux couleurs différentes. Décris ta régularité.

8. La règle de la régularité est cercle, carré, triangle, puis répéter.

   La régularité d'Iva est ○ ■ △ ○ ■ △. La régularité de Jay est ○ □ ▽ ○ □ ▽.

   Pourquoi les régularités ne sont-elles pas pareilles? Écris une meilleure règle pour chaque régularité.

   BONUS ▶ La régularité est 2, 4, 6, 8.

   Megan pense que la régularité est 2, 4, 6, 8, 2, 4, 6, 8, 2, 4, 6, 8.

   Rick pense que la régularité est 2, 4, 6, 8, 10, 12, 14, 16.

   Qui a raison? Explique. Écris la règle de la régularité de chaque personne.

PA3-I2 Explorer les régularités

I. Le centre de la régularité est encerclé. Continue la régularité.

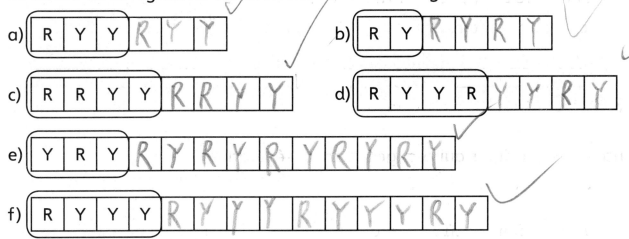

a) R Y Y R Y Y

b) R Y R Y R Y

c) R R Y Y R R Y Y

d) R Y Y R Y Y R Y

e) Y R Y R Y R Y R Y R Y R Y

f) R Y Y Y R Y Y Y R Y Y Y R Y

2. Le centre de la régularité est encerclé. Glen tente de continuer la régularité. Écris ✓ s'il continue correctement la régularité. Écris ✗ s'il fait des erreurs.

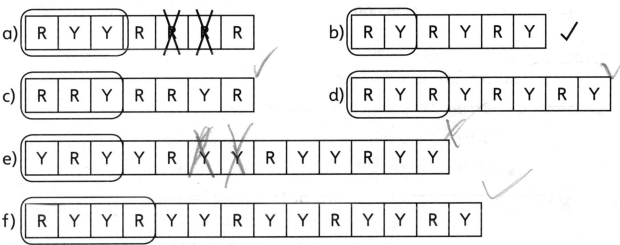

a) R Y Y R Y Y R

b) R Y R Y R Y ✓

c) R R Y R R Y R

d) R Y R Y R Y R Y

e) Y R Y Y R Y Y R Y Y R Y

f) R Y Y R Y Y R Y Y R Y Y R Y

3. Kim a encerclé le centre de la régularité. L'a-t-elle fait correctement? Écris ✓ pour « oui » ou ✗ pour « non ».

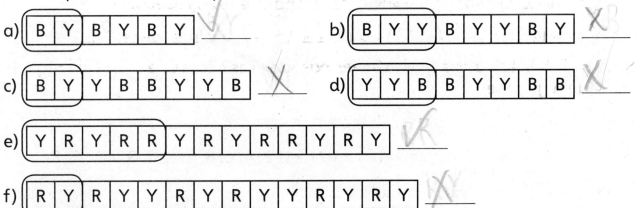

a) B Y B Y B Y

b) B Y Y B Y Y B Y

c) B Y Y B B Y Y B

d) Y Y B B Y Y B B

e) Y R Y R R Y R Y R R Y R Y

f) R Y R Y Y R Y R Y Y R Y R Y

4. a) Continue la régularité jusqu'à 18 carrés.

I	2	3	4	5	6	7	8	9	10	II	I2	I3	I4	I5	I6	I7	I8
R	Y	R	Y	R	Y	R	Y	R	Y	R	Y	R	Y	R	Y	R	Y

b) Quelle lettre se trouve dans chaque carré?

I2e carré _____   I4e carré _____   I5e carré _____   I8e carré _____

c) Quelle lettre se trouve dans les carrés des chiffres **pairs** (2, 4, 6, ...)? _____

d) Si tu poursuis la régularité, quelle lettre se trouve dans chacun des carrés indiqués?

20e carré _____   23e carré _____   35e carré _____   78e carré _____

Dans certaines régularités, le nombre d'éléments du centre change.

○ △ ○ △ △ ○ △ △ △ ○ △ △ △

---

5. Dessine les cinq éléments suivants de la régularité.

a) △ ○ △ △ ○ ○ △ △ △ ○ ○ ○

b) ○ ● ○ ○ ● ○ ○ ○ ● ○ ○ ○

c)

d)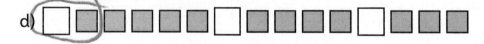

6. Écris les cinq éléments suivants de la régularité.

a) A, B, A, B, B, A, B, B, B, ABBBBB, ABBBBB

b) A, B, B, C, C, C, D, D, D, D, EEEEE FFFFF

c) Z, z, Y, y, X, x, Z, z, Y, y, X, x, Z, z, Y, X, x

d) I, I, 2, 2, 3, 3, 4, 4, _____

e) I, I, I, I, 2, 2, 2, 2, 3, 3, 3, 3, _____

f) 9, 8, 8, 7, 7, 7, _____

g) I, 3, 3, 5, 5, 5, 7, _____

Les régularités et l'algèbre 3-I2

Aputik fait une régularité de perles. Elle utilise les 8 types de perles suivants.

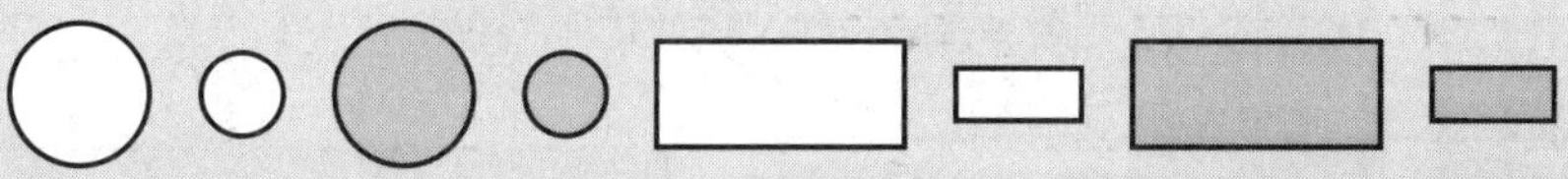

Pour créer une régularité, Aputik change les attributs des perles qu'elle choisit.

7. Utilise les perles d'Aputik pour créer une régularité de perles.
   Change les attributs, puis écris la règle de la régularité.

   a) Commence avec ◯. Change la taille. Change la couleur. Répète.

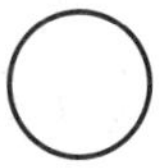

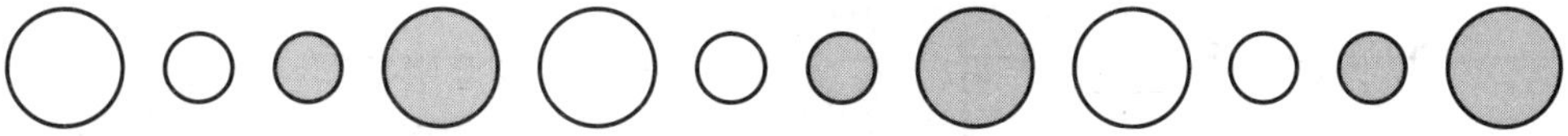

   Règle _Grand cercle blanc, petit cercle blanc, petit cercle gris,_
   grand cercle gris, puis répéter.

   b) Commence avec ▭. Change la taille. Change la couleur. Répète.

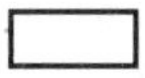

   Règle _____

   _____

   c) Commence avec ▭. Change la forme. Change la couleur. Répète.

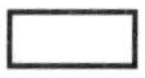

   Règle _____

   _____

   d) Commence avec ▬. Change la forme. Répète.

   Règle _____

   _____

   e) BONUS ▶ Commence avec ◯. Change la forme. Change la taille.
      Change la taille. Répète.

   f) Crée ta propre régularité en changeant les attributs. Décris ta régularité.

Tu peux écrire un nombre dans un tableau de valeurs de position.
Par exemple, 431.

Centaines	Dizaines	Unités
4	3	1

1. Écris le nombre dans le tableau de valeurs de position.

	Centaines	Dizaines	Unités
a) 65	0	6	5
c) 408	4	0	8
e) 17	0	1	7
g) 372	3	7	2
i) 0	0	0	0

	Centaines	Dizaines	Unités
b) 283	2	8	3
d) 130	1	3	0
f) 4	0	0	4
h) 900	9	0	0
j) 825	8	2	5

3 7 5

↑ ↑ ↑

centaines dizaines unités

2. Écris la valeur de position du chiffre souligné.

a) 1$\underline{7}$ | unités |

b) 9$\underline{8}$ | ûnités |

c) $\underline{2}$4 | dizaines |

d) $\underline{6}$3 | dizaines |

e) $\underline{3}$81 | centaines |

f) 97$\underline{2}$ | unités |

g) 4$\underline{2}$5 | dizaines |

h) 25$\underline{6}$ | unités |

i) $\underline{1}$08 | centaine |

3. Écris la valeur de position du chiffre 5.

a) 50 | dizaines |

b) 15 | unités |

c) 251 | dizaines |

d) 586 | centaines |

e) 375 | unités |

f) 584 | centaines |

g) 935 | |

h) 563 | |

i) 153 | |

Le nombre 586 est un **nombre à 3 chiffres**.

- Le **chiffre** 5 représente 500.
- Le **chiffre** 8 représente 80.
- Le **chiffre** 6 représente 6.

4. Remplis les espaces vides.

a) Dans le nombre 657, le **chiffre** 5 vaut ___50___.

b) Dans le nombre 248, le **chiffre** 2 vaut _200_.

c) Dans le nombre 129, le **chiffre** 9 vaut _40_.

d) Dans le nombre 108, le **chiffre** 0 vaut _0_.

e) Dans le nombre 803, le chiffre _8_ est à la valeur de position des **centaines**.

f) Dans le nombre 596, le chiffre _9_ est à la valeur de position des **dizaines**.

g) Dans le nombre ᶜ ᵈ ᵘ 410, le chiffre _0_ est à la valeur de position des **unités**.

5. Quel nombre chaque chiffre représente-t-il?

a)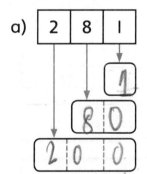

b)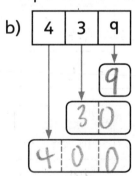

c)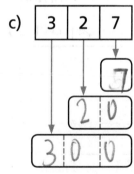

6. Quel nombre le chiffre 3 représente-t-il?

a) 237 _30_

b) 638 _30_

c) 326 _300_

d) 403 _3_

e) 309 _300_

f) 883 _3_

g) 379 _300_

h) 31 _30_

i) 543 _3_

j) 135 _30_

k) 3 _3_

l) 374 _300_

Bloc des centaines	Bloc des dizaines	Bloc des unités
= 100	= 10	□ = 1

1. Écris le nombre de centaines, de dizaines et d'unités. Puis écris le nombre.

	Centaines	Dizaines	Unités	Nombre
a)	1	3	6	136
b)	1	2	6	126
c)	3	0	2	302
d)	0	7	9	79
e)	2	6	0	260

2. Dessine le nombre en utilisant les blocs de base dix.

a) 342

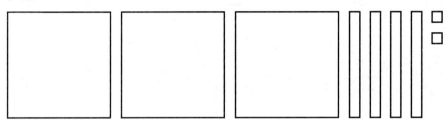

b) 237

c) 113

d) 206

e) 130

3. Dessine les blocs de base dix qui manquent pour représenter le nombre.

a) 583

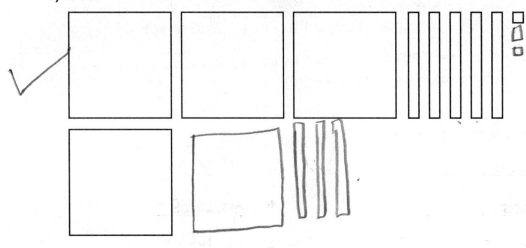

b) 467

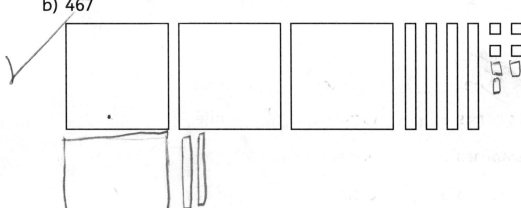

4. Remplis les espaces vides.

a) 472 comprend ___4___ centaines, ___7___ dizaines et ___2___ unités.

b) 573 comprend ___5___ centaines, ___7___ dizaines et ___3___ unités.

c) 821 comprend ___8___ centaines, ___2___ dizaines et ___1___ unités.

d) 409 comprend ___4___ centaines, ___0___ dizaines et ___9___ unités.

BONUS ▶ 3 comprend ___0___ centaines, ___0___ dizaines et ___3___ unités.

5. Pour représenter le nombre 452, combien de blocs de dix de plus dois-tu utiliser par rapport au nombre 422? Explique.

NS3-3 La forme décomposée

Il existe deux manières d'écrire le nombre **475** en **forme décomposée**.

- Au moyen de **nombres** et de mots :   **4 centaines**   +   **7 dizaines**   +   **5 unités**
- Au moyen de nombres seulement :   **400**   +   **70**   +   **5**

I. Écris « centaines », « dizaines » ou « unités » pour chaque chiffre.
Puis écris en forme décomposée.

a) 658   6 __centaines__

   5 __dizaines__

   8 __unités__

   __600__ + __50__ + __8__

b) 493   4 __centaines__

   9 __dizaines__   ✓

   3 __unités__

   __400__ + __90__ + __3__

2. Remplis les espaces vides.

a) 267 = __2__ centaines + __6__ dizaines + __7__ unités

b) 381 = __3__ centaines + __8__ dizaines + __1__ unité

c) 709 = __7__ centaines + __9__ unités

d) 727 = __7__ centaines + __2__ dizaines + __7__ unités

e) 53 = __5__ dizaines + __3__ unités

f) 640 = __6__ centaines + __4__ dizaines

3. Écris le nombre dans la forme décomposée au moyen de chiffres et de mots.

a) 547 = __5 centaines + 4 dizaines + 7 unités__

b) 239 = __2 centaines+ 3 dizaines+ 9 unités__

c) 73 = __7 dizaines+ 3 uintés__

d) 190 = __1 centaines+ 90 dizaines__

e) 605 = __6 centaines+5 unités__

f) 420 = __4 centaines+ 20 dizaines__

4. Écris le nombre dans la forme décomposée.

a) 3 centaines + 4 dizaines + 7 unités

| 347 |

b) 9 centaines + 8 dizaines + 2 unités

| |

c) 5 dizaines + 6 unités

| |

d) 2 centaines + 7 dizaines

| |

e) 6 centaines + 1 dizaine + 4 unités

| |

f) 1 centaine + 8 unités

| |

5. Écris le nombre dans la forme décomposée au moyen de chiffres seulement.

a) 762 = ___700 + 60 + 2___

b) 845 = ___800 + 40 + 5___

c) 72 = ___70 + 2___

d) 503 = ___500 + 3___

e) 431 = ___400 + 30 + 1___

f) 978 = ___900 + 70 + 8___

6. Écris le nombre pour la forme décomposée.

a) 400 + 50 + 3 = ___453___

b) 800 + 70 + 1 = __871__

c) 40 + 8 = __48__

d) 600 + 20 = __620__

e) 900 + 1 = __901__

f) 400 + 40 + 4 = __444__

g) 500 + 40 + 9 = __549__

h) 300 + 10 + 5 = __315__

7. Écris les nombres manquants dans la forme décomposée.

a) 247 = 200 + ___40___ + 7

b) 598 = 500 + 90 + __8__

c) 651 = __600__ + 50 + 1

d) 843 = 800 + __40__ + __3__

e) 352 = __300__ + 50 + __2__

f) 400 + 50 + __8__ = 458

g) 300 + __60__ + 7 = 367

h) __700__ + 2 = 702

i) 57 = __50__ + 7

j) 700 + 80 + __8__ = 788

k) __900__ + 20 + __4__ = 924

l) __800__ + __30__ + __5__ = 835

NS3-4 Écrire et lire des nombres

> **Les nombres en lettres de 0 à 9 :**
>
> zéro   un   deux   trois   quatre   cinq   six   sept   huit   neuf

1. Écris le nombre en lettres.

a) 2 __deux__   b) 4 __quatre__

c) 5 __cinq__   d) 3 __trois__

e) 9 __neuf__   f) 8 __huit__

g) 0 __zéro__   h) 6 __six__

i) 1 __un__   j) 7 __sept__

> **Les nombres en lettres de 10 à 19 :**
>
> dix   onze   douze   treize   quatorze
>
> quinze   seize   dix-sept   dix-huit   dix-neuf

2. Écris le nombre en lettres.

a) 12 __douze__   b) 14 __quatorze__

c) 15 __quinze__   d) 13 __treize__

e) 19 __dix-neuf__   f) 18 __dix-huit__

g) 11 __onze__   h) 16 __seize__

3. Écris le nombre en chiffres.

a) dix-neuf = __1   9__   b) dix-huit = __1   8__

c) treize = __1   3__   d) douze = __1   2__

e) dix-sept = __1   7__   f) quatorze = __1   4__

Les nombres en lettres pour la position des dizaines :

vingt   trente   quarante   cinquante   soixante

soixante-dix   quatre-vingts   quatre-vingt-dix

4. Complète l'écriture des nombres :

a) 60 = soix*ante*   b) 16 = sei*ze*   c) 40 = quar*ante*

d) 14 = quat*orze*   e) 50 = cinq*uante*   f) 20 = vin*gt*

g) 13 = trei*ze*   h) 18 = dix-*huit*   i) 70 = soixante-*dix*

j) 30 = tr*ente*   k) 19 = dix-*neuf*   l) 90 = quatre-vingt-*dix*

5. Écris le nombre en lettres.

a) 70 = *soixante-dix*   b) 60 = *Soixante*   c) 90 = *quatre...*

d) 17 = *dix-sept*   e) 16 = *Seize*   f) 19 = *dix-neuf*

g) 40 = *quarante*   h) 50 = *cinquante*   i) 30 = *trente*

j) 20 = *vingt*   k) 15 = *quinze...*   l) 80 = *quatre v...*

48   vingt-sept

quarante-huit   27

6. Écris le nombre en chiffres.

a) quatre-vingt-onze = 91   b) soixante-quinze = 75

c) soixante-huit = 68   d) trente-trois = 33

e) quarante-deux = 42   f) cinquante-huit = 58

g) trente-neuf = 39   h) cinquante-et-un = 51

i) vingt-quatre = 24   j) quatre-vingt-sept = 87

7. Écris le nombre en lettres.

a) 43 = _quarante-trois_

b) 22 = vingt-deux

c) 73 = ✗ Soixante-dixtreize

d) 37 = trente sept

e) 64 = Soixante-quatorze

f) 96 = quatre-vingt-seize

8. Souligne les nombres dans la phrase.

a) Avril a (trois) petits poissons.

b) Lewis a acheté (trente) raisins.

c) Un (autobus) peut contenir (soixante-quatre) enfants.

d) Pat court trois kilomètres en (quarante-cinq) minutes.

e) Arsham aura (neuf) ans dans deux semaines.

9. Écris en lettres les nombres indiqués pour (compléter) la phrase.

a) Il y a ___sept___ (7) jours dans une semaine.

b) Il y a ___vingt-quatre___ (24) heures dans une journée.

c) Il y a ___soixante___ (60) minutes dans une heure.

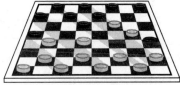

d) Aux dames, chaque côté de l'échiquier compte ___douze___ (12) pièces.

e) Avril, juin, septembre et novembre comptent chacun

___trente___ (30) jours.

f) Le Canada compte ___dix___ (10) provinces et ___trois___ (3) territoires.

g) Le Canada compte ___quarante___ (46) parcs nationaux.

h) Les adolescents sont âgés entre ___douze___ (12) et

___vingt___ (20) ans.

NS3-5 Écrire et lire des nombres à 3 chiffres

3 0 0

trois cents

sept cents

7 0 0

1. Écris le nombre en chiffres.

a) 100 ___cent___

b) 600 ___six-cents___ ✓

c) 500 ___cinq-cents___ ✓

d) 800 ___huit-cents___ ✓

e) 700 ___sept-cents___ ✓

f) 200 ___deux-cents___ ✓

g) 400 ___quatre-cents___

h) 900 ___neuf-cents___

3 4 8

trois cent quarante-huit

sept cent vingt-neuf

7 2 9

2. Souligne le chiffre des centaines. Dessine un cadre autour des deux derniers chiffres. Écris en lettres les nombres indiqués.

a) 4 2 3 ___quatre cent___   ___vingt-trois___

b) 3 7 5 ___trois-cent___   ___soixante-dix-cinq___ ✗

c) 9 6 8 ___neuf-cent___   ___soixante-huit___ ✓

d) 1 3 4 ___cent___   ___trente-quatre___ ✓

BONUS ▶ 6 0 8 ___six-cent___   ___huit___ ✓

3. Écris le nombre en chiffres.

a) trois cent cinquante-quatre ___3 5 4___

b) six cent soixante-dix-huit ___678___ ✓

c) deux cent trente-neuf ___239___ ✓

d) cinq cent soixante-deux ___562___ ✓

BONUS ▶

e) cent dix-huit ___118___ ✓

f) sept cent six ___706___ ✓

NS3-6 Montrer les nombres de différentes façons

1. Écris le nombre correspondant à la forme décomposée.

a) $200 + 50 + 3 = \boxed{253}$

b) $400 + 60 + 8 = \boxed{468}$

c) $20 + 7 = \boxed{27}$

d) $900 + 90 + 9 = \boxed{999}$

e) $600 + 7 = \boxed{607}$

f) $500 + 60 = \boxed{561}$

2. Écris les nombres manquants dans la forme décomposée.

a) $800 + \underline{\ 20\ } + 7 = 827$

b) $400 + \underline{\ 70\ } + 5 = 475$

c) $\underline{\ 700\ } + 30 + 5 = 735$

d) $500 + 20 + \underline{\ 6\ } = 526$

e) $600 + \underline{\ 80\ } + 1 = 681$

f) $200 + \underline{\ 2\ } = 202$

g) $300 + \underline{\ 20\ } = 320$

h) $100 + \underline{\ 70\ } + \underline{\ 3\ } = 173$

3. Écris le nombre en lettres.

a) 623 _six cents vingt-trois_

b) 412 _quatre cents douze_

c) 803 _huit cents trois_

4. Écris le nombre en chiffres.

a) quatre cent soixante-treize = _473_

b) sept cent onze = _711_

c) huit cent cinquante = _850_

5. La classe de Kim a apporté 118 boîtes de conserve en classe pour une campagne de collecte d'aliments. Écris en lettres le nombre de boîtes de conserve.

_____

6. Dessine un modèle en base dix. Puis écris le nombre en forme décomposée. Utilise des carrés pour les centaines, des lignes pour les dizaines et des points pour les unités.

a) 324

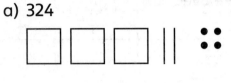

| 300 + 20 + 4 |

b) 312

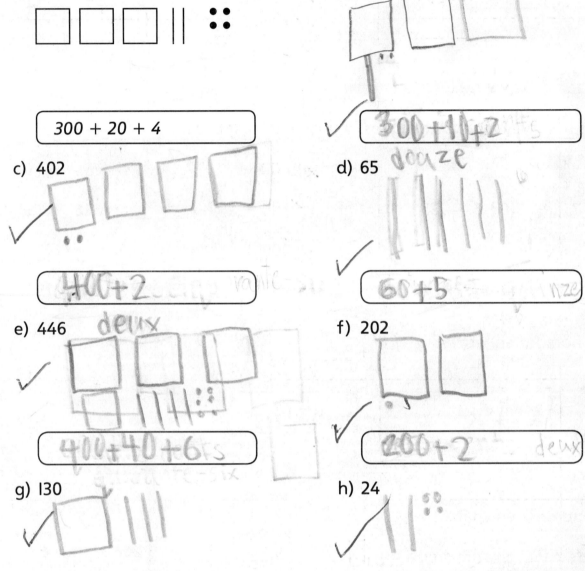

| 300 + 10 + 2 |

douze

c) 402

| 400 + 2 | vingt-

d) 65

| 60 + 5 | onze

e) 446

deux

| 400 + 40 + 6 |

f) 202

| 200 + 2 | deux

g) 130

| 100 + 30 | trente

h) 24

| 20 + 4 | quatre

7. Glen a 100 timbres du Canada, 50 timbres de l'Angleterre et 6 timbres du Portugal. Combien de timbres Glen a-t-il en tout? __156__

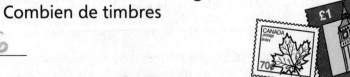

Logique numérale 3-6

8. Remplis le tableau. Utilise des carrés pour les centaines, des lignes pour les dizaines et des points pour les unités.

		Modèle avec des blocs de base dix	Forme décomposée avec des lettres et des chiffres	Forme décomposée avec nombres seulement
a)	327		_3_ centaines + _2_ dizaines + _7_ unités	300 + 20 + 7
b)	432		_4_ centaines + _3_ dizaines + _2_ unités	400 + 30 + 2
c)	43		_0_ centaines + _4_ dizaines + _3_ unités	40 + 3
d)	307		_3_ centaines + _0_ dizaines + _7_ unités	300 + 7
e)	216		_2_ centaines + _1_ dizaine + _6_ unités	200 + 10 + 6
f)	130		_1_ centaine + _3_ dizaines + _0_ unités	100 + 30

9. Représente le nombre 358 au moyen d'un modèle, dans la forme décomposée, en utilisant des chiffres et des lettres et dans la forme décomposée en utilisant des chiffres seulement.

NS3-7 Comparer les nombres avec les modèles en base dix

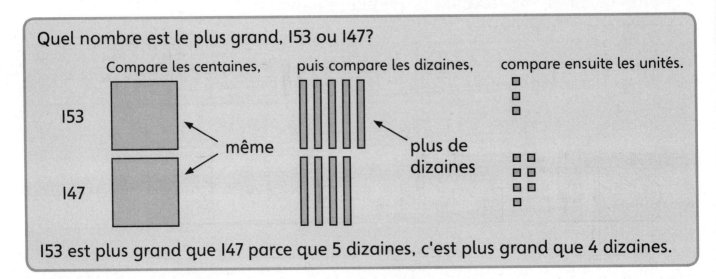

Quel nombre est le plus grand, 153 ou 147?

Compare les centaines,   puis compare les dizaines,   compare ensuite les unités.

153

147

même

plus de dizaines

153 est plus grand que 147 parce que 5 dizaines, c'est plus grand que 4 dizaines.

1. Écris les nombres, puis encercle le nombre le plus grand.

a)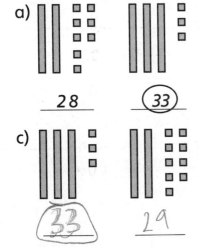

28   (33)

b)

(46)   43

c)

(33)   29

d)

(24)   20

2. Écris les nombres, puis compare les centaines, les dizaines et les unités.
Encercle le nombre le plus grand.

a)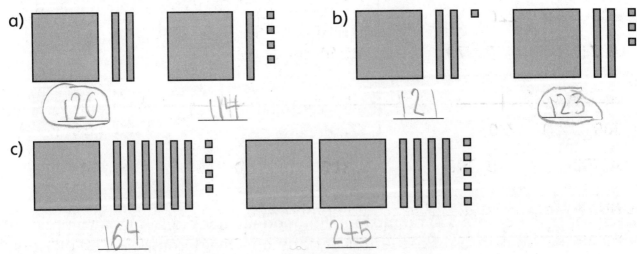

(120)   114

b)

121   (123)

c)

164   245

3. Écris les nombres, puis encercle le nombre le plus grand.

a)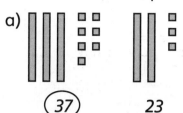

(37)   23

b)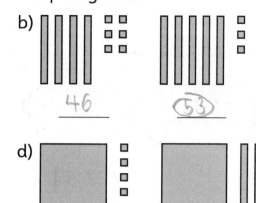

46   (53)

c)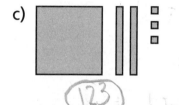

(123)   119

d)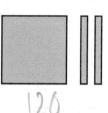

104   120

4. Mets un point au-dessus de chaque nombre sur la **droite numérique**.

a)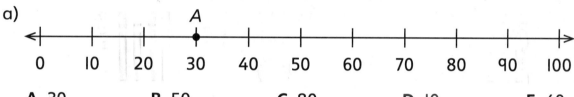

A. 30   **B.** 50   **C.** 80   **D.** 10   **E.** 40

b)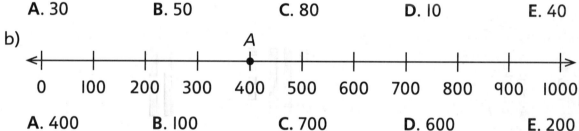

A. 400   **B.** 100   **C.** 700   **D.** 600   **E.** 200

5. Complète la droite numérique, puis mets un point au-dessus de chaque nombre.

a)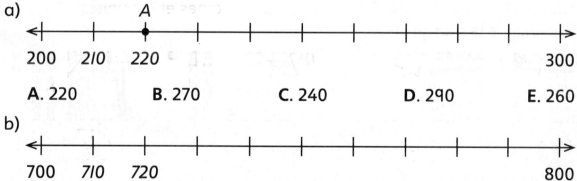

200   210   220   300

A. 220   **B.** 270   **C.** 240   **D.** 290   **E.** 260

b)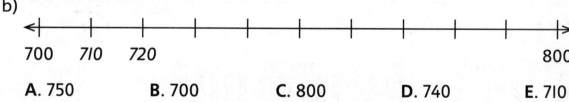

700   710   720   800

A. 750   **B.** 700   **C.** 800   **D.** 740   **E.** 710

BONUS ▶ Mets un point au-dessus du nombre 420.

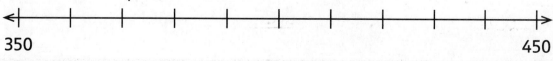

350   450

NS3-8 Comparer les nombres en fonction de la valeur de position

1. Écris le nombre auquel correspond chaque chiffre, puis remplis les espaces vides.

a)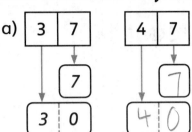

_____ est plus grand que _____.

b)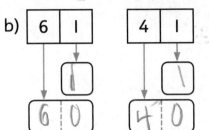

_____ est plus grand que _____.

c)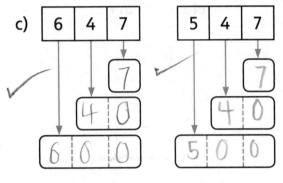

_____ est plus grand que _____.

d)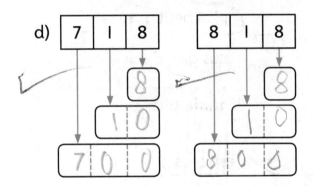

_____ est plus grand que _____.

2. Encercle les deux premiers chiffres qui sont différents.
   Puis écris le **plus grand** nombre dans la case.
   Indice : N'oublie pas de lire les nombres de gauche à droite.

a) 4⑦5   [475]
   4⑥5

b) 360   [360]
   260

c) 852   [858]
   858

d) 1③6   [136]
   1②6

e) 583   [597]
   597

f) 629   [654]
   654

g) ⑤76   [576]
   ⑥03

h) 432   [432]
   431

i) 384   [597]
   597

j) 90⑥   [906]
   90④

k) 875   [875]
   869

l) 238   [238]
   221

m) 592   [592]
   685

n) 128   [134]
   134

o) 918   [918]
   917

3. Encercle le nombre le plus grand.

a) 111   (311)   b) (625)   525   c) 321   (721)

d) 99   (107)   e) 843   (867)   f) (480)   412

4. Encercle la bonne expression.

a) 25 est   (plus petit que)   43   b) 425 est   plus petit que   347
            plus grand que   (plus grand que)

c) 625 est (plus petit que)   647   d) 958 est   plus petit que   951
            plus grand que   (plus grand que)

< signifie **plus petit que**	> signifie **plus grand que**
2 < 7	5 > 3
2 est plus petit que 7	5 est plus grand que 3

---

5. Encercle le bon symbole.

a) 35 (<) 47   b) 430 < 417   c) 35 (<) 47   d) 430 < 417
      >   (>)   >   (>)

e) 635 (<) 647 f) 351 < 347   g) 789 (<) 879 h) 42 (<) 402
        >   (>)   >   >

6. Encercle le nombre le plus grand, puis écris < ou > dans la case.

a) 41 [<] (301)   b) 427 [>] 419   c) 821 [>] 88   d) 999 [>] 107

e) 643 [<] 647   f) 580 [>] 69   g) 219 [<] 220   h) 456 [>] 32

i) 125 [>] 122   j) 854 [<] 859   k) 336 [>] 330   l) 530 [>] 503

m) 401 [>] 399   n) 272 [>] 227   o) 454 [>] 445   p) 778 [<] 787

Logique numérale 3-8

45

7. Écris « **plus petit que** » ou « **plus grand que** ».

a) 423 est _plus grand que_ 268. b) 48 est _plus petit que_ 103.

c) 307 est _plus petit que_ 312. d) 983 est _plus grand que_ 981.

8. Utilise les deux chiffres pour écrire des nombres à 2 chiffres.

a) 4 et 5   b) 6 et 1   c) 3 et 9   d) 6 et 7

    4   5   6   1   3   9   6   7
    5   4   1   6   9   3   7   6

9. Utilise les deux chiffres pour écrire le plus grand nombre à 2 chiffres possible.

a) 2, 3   b) 8, 9   c) 4, 1   d) 4, 7

    3   2   9   8   1   4   7   4

10. Remplis le tableau par des chiffres pour faire des nombres.

a)

Chiffres	Plus grand nombre	Plus petit nombre
5, 7, 2	7,5,2	2,5,7

b)

Chiffres	Plus grand nombre	Plus petit nombre
3, 6, 4	6,4,3	3,4,6

11. Écris les nombres en ordre, du plus petit au plus grand.

a) 75, 62, 87

62 , 75 , 87

b) 251, 385, 256

251 , 256 , 385

12. Écris les longueurs de ces animaux marins dans l'ordre, du plus petit au plus grand.

Pieuvre   Dauphin   Orque   Requin gris
488 cm   396 cm   701 cm   183 cm

NS3-9 Placer les nombres en ordre

Tu peux utiliser une droite numérique pour placer les nombres en ordre.
Par exemple, 38, 49, 41, 47, 32

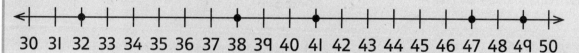

30 31 32 33 34 35 36 37 38 39 40 41 42 43 44 45 46 47 48 49 50

Placés dans l'ordre du **plus petit** au **plus grand**, les nombres sont 32, 38, 41, 47, 49.

Placés dans l'ordre du **plus grand** au **plus petit**, les nombres sont 49, 47, 41, 38, 32.

1. Place un point au-dessus de chaque nombre. Écris les nombre en ordre, du plus petit au plus grand.

a)

30 31 32 33 34 35 36 37 38 39 40 41 42 43 44 45 46 47 48 49 50

39, 44, 33, 42, 31 _____

b)

200　210　220　230　240　250　260　270　280　290　300

220, 280, 270, 230, 290 _____

2. Place un point au-dessus de chaque nombre. Écris les nombres en ordre, du plus grand au plus petit.

a)

60 61 62 63 64 65 66 67 68 69 70 71 72 73 74 75 76 77 78 79 80

65, 70, 69, 78, 67 _____

b)

400　410　420　430　440　450　460　470　480　490　500

490, 450, 440, 400, 460 _____

c)

350　351　352　353　354　355　356　357　358　359　360

354, 357, 351, 360, 353 _____

3. a) Mary croit que les nombres 78, 72, 71, 75, 79 sont placés en ordre, du plus petit au plus grand. A-t-elle raison? Explique.

b) Frank croit que les nombres 590, 540, 560, 520, 510 sont placés en ordre, du plus grand au plus petit. A-t-il raison? Explique.

Un nombre à 2 chiffres est toujours plus petit qu'un nombre à 3 chiffres.
Par exemple, 54 et 261

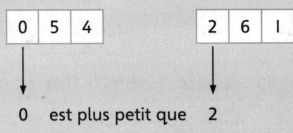

| 0 | 5 | 4 |

| 2 | 6 | 1 |

0   est plus petit que   2

---

4. Écris les nombres en ordre, du plus petit au plus grand.

a) ~~240, 250, 70, 40, 270~~   40, 70, 240, 250, 270

b) ~~340, 10, 90, 310, 320~~

c) ~~200, 80, 300, 90, 500~~

d) ~~310, 20, 70, 60, 890~~

e) ~~50, 210, 90, 320, 280~~

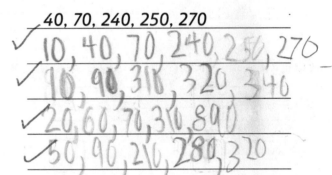

✓ 10, 40, 70, 240, 250, 270
✓ 10, 90, 310, 320, 340
✓ 20, 60, 70, 310, 890
✓ 50, 90, 210, 280, 320

5. Écris les nombres en ordre, du plus grand au plus petit.

a) ~~80, 390, 340, 20, 310~~   390, 340, 310, 80, 20

b) ~~25, 430, 85, 490, 410~~

c) 231, 431, 91, 131, 61

d) 143, 287, 43, 98, 526

e) ~~75, 123, 185, 68, 234~~

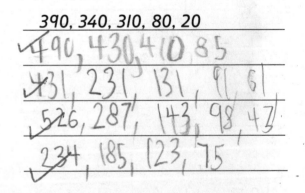

✓ 490, 430, 410, 85
431, 231, 131, 91, 61
526, 287, 143, 98, 43
234, 185, 123, 75

6. John croit que les nombres 250, 310, 430, 90, 520 sont placés en ordre, du plus petit au plus grand. A-t-il raison? Explique.

✓ 90, 250, 310, 430, 520

       Logique numérale 3-9

NS3-10 Les différences de 10 et de 100

1. Écris « 10 de plus » ou « 10 de moins » dans l'espace.

   a) 80 est ___10 de plus___ que 70.　　b) 20 est ___10 de moins___ que 30.

   c) 50 est ___10 de moins___ que 60.　　d) 90 est ___10 de plus___ que 80.

   e) 70 est ___10 de plus___ que 60.　　f) 10 est ___10 de moins___ que 20.

   g) 30 est ___10 de moins___ que 40.　　h) 40 est ___10 de plus___ que 30.

2. Écris « 100 de plus » ou « 100 de moins » dans l'espace.

   a) 500 est ___100 de plus___ que 400.　　b) 300 est ___100 de moins___ que 400.

   c) 700 est ___100 de plus___ que 600.　　d) 800 est ___100 de moins___ que 900.

   e) 400 est ___100 de moins___ que 500.　　f) 100 est ___100 de moins___ que 200.

3. Écris à quoi correspond chaque chiffre. Compare les nombres.

   a)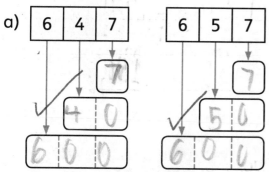

   647 est ___10 de moins___ que 657.

   b)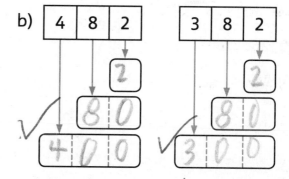

   482 est ___10 de plus___ que 382.

   c)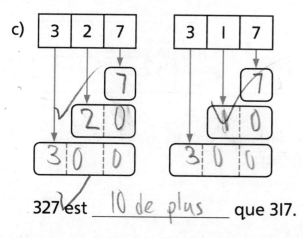

   327 est ___10 de plus___ que 317.

   d)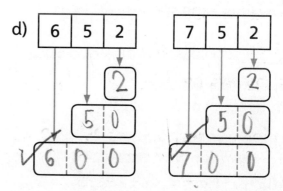

   652 est ___10 de moins___ que 752.

4. Encercle les chiffres qui sont différents, puis remplis les espaces vides.

a) 2 6 5
   2 7 5

265 est ___10 de moins___ que 275.

b) 3 9 2
   4 9 2

392 est ___10 de moins___ que 492.

c) 6 8 7
   6 7 7

687 est ___10 de plus___ que 677.

d) 3 6 2
   2 6 2

362 est ___10 de plus___ que 262.

e) 4 0 5
   4 1 5

405 est ___10 de moins___ que 415.

f) 5 8 7
   6 8 7

587 est ___10 de moins___ que 687.

g) 3 2 5
   3 3 5

325 est ___10 de moins___ que 335.

h) 4 2 9
   4 1 9

429 est ___10 de plus___ que 419.

5. Remplis les espaces vides.

a) _____ est 10 de plus que 475.

b) _____ est 10 de moins que 263.

c) _____ est 10 de moins que 387.

d) _____ est 10 de plus que 482.

e) _____ est 100 de plus que 583.

f) _____ est 100 de moins que 402.

g) _____ est 100 de plus que 687.

h) _____ est 100 de moins que 291.

i) _____ est 100 de moins que 305.

j) _____ est 100 de plus que 851.

6. Remplis les espaces vides.

a) 385 + _____ = 395

b) 201 + _____ = 301

c) 483 + _____ = 493

d) 617 + _____ = 717

e) 286 − _____ = 276

f) 837 − _____ = 737

7. Remplis les espaces vides.

a) 375 + 10 = _385_

b) 252 + 10 = _____

c) 972 + 10 = _____

d) 127 + 100 = _____

e) 863 + 100 = _____

f) 821 + 100 = _____

g) 357 − 10 = _____

h) 683 − 10 = _____

i) 932 − 10 = _____

j) 487 − 100 = _587_

k) 901 − 100 = _____

l) 316 − 100 = _____

m) 301 − 10 = _____

n) 507 − 10 = _____

o) 397 + 10 = _____

8. Encercle les chiffres qui sont différents, puis remplis les espaces vides.

a) 2④1
   2③1

_231_ est _10_ de moins que _241_.

b) 4 8 5
   5 8 5

_485_ est _1_ de plus que _____.

c) 6 8 2
   6 9 2

_____ est _____ de moins que _____.

d) 7 2 7
   8 2 7

_____ est _____ de plus que _____.

e) 3 5 4
   3 6 4

_____ est _____ de moins que _____.

f) 5 2 7
   5 3 7

_____ est _____ de plus que _____.

9. Complète la suite des nombres.

a) 508, 518, 528, _____, _____

b) 772, 672, 572, _____, _____

c) 512, 502, _____, 482, _____

d) 363, _____, _____, 393, 403

e) 214, _____, _____, 514, 614

f) 627, 617, _____, 597, _____

g) 865, 875, _____, _____, 905

h) 410, 510, _____, _____, 810

i) 219, _____, 199, _____, 179

j) 311, 301, _____, _____, 271

k) 544, _____, _____, 844, 944

l) 227, 217, _____, 197, _____

Tu peux **regrouper** 10 blocs d'unités pour former 1 bloc de dizaines.

10 unités = 1 dizaine   12 unités = 1 dizaine + 2 unités

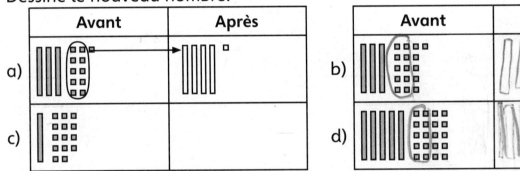

1. Encercle chaque groupe de 10 blocs d'unités. Combien d'unités reste-t-il?

a) ____5____ unités restantes

b) ____7____ unités restantes

c) ____2____ unités restantes

d) ____4____ unités restantes

2. Regroupe chaque groupe de 10 blocs d'unités pour former 1 bloc de dizaines. Dessine le nouveau nombre.

	Avant	Après
a)		
c)		

	Avant	Après
b)		
d)		

3. Regroupe 10 blocs d'unités pour former 1 bloc de dizaines. Dessine le nouveau nombre, puis remplis les espaces vides.

	Blocs	Nombres et mots
a) Avant		___4___ dizaines + ___13___ unités
Après		___5___ dizaines + ___3___ unités
b) Avant		___4___ dizaines + ___6___ unités
Après		___5___ dizaines + ___6___ unités

Tu peux regrouper 10 blocs de dizaines pour former 1 bloc de cent.

10 dizaines = 1 centaine   12 dizaines = 1 centaine + 2 dizaines

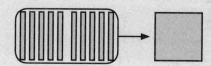   

4. Encercle chaque groupe de 10 blocs de dix. Combien reste-t-il de dizaines?

a) 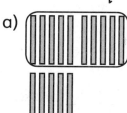   b)    c)    d)

   __5__ dizaines   __3__ dizaines   __3__ dizaines   __9__ dizaines

      restantes   restantes   restantes   restantes

5. Regroupe 10 blocs de dix pour former 1 bloc de cent. Dessine le nouveau nombre, puis remplis les espaces vides.

	Blocs	Nombres et mots
a) Avant		__1__ centaine + __13__ dizaines + __3__ unités
Après		__2__ centaines + __3__ dizaines + __3__ unités
b) Avant		__1__ centaine + __7__ dizaines + __17__ unités
Après		__2__ centaines + __7__ dizaines + __7__ unités
c) Avant		__1__ centaine + __14__ dizaines + __0__ unités
Après		__2__ centaines + __4__ dizaines + __0__ unités

6. Écris le nombre total de dizaines et d'unités.

a) 4 centaines + 2 dizaines = ___42___ dizaines

b) 2 centaines + 7 dizaines = ___27___ dizaines

c) 5 dizaines + 7 unités = ___57___ unités

d) 3 centaines + 0 dizaines = ___30___ dizaines

e) I centaine + I dizaine = ___11___ dizaines

f) 6 dizaines + 0 unités = ___60___ unités

7. Regroupe, puis remplis les espaces vides.

a) 3 dizaines + 12 unités = 4 dizaines + ___2___ unités

b) 5 centaines + 14 dizaines = 6 centaines + ___4___ dizaines

c) 5 dizaines + 14 unités = ___6___ dizaines + 4 unités

d) 3 centaines + 11 dizaines = 4 centaines + ___11___ dizaine

e) 4 dizaines + ___13___ unités = 5 dizaines + 3 unités

f) ___2___ centaine + 18 dizaines = 2 centaines + 8 dizaines

g) ___3___ dizaines + 17 unités = 4 dizaines + 7 unités

h) 7 centaines + 19 dizaines = ___8___ centaines + 9 unités

8. Regroupe, puis remplis les espaces vides.

a) 3 centaines + 5 dizaines + 14 unités = 3 centaines + ___6___ dizaines + 4 unités

b) 4 centaines + 16 dizaines + 7 unités = ___5___ centaines + 6 dizaines + 7 unités

c) I centaine + 13 dizaines + 4 unités = ___2___ centaines + 3 dizaines + 4 unités

d) 5 centaines + 2 dizaines + 19 unités = 5 centaines + ___3___ dizaines + 9 unités

e) 2 centaines + 3 dizaines + 15 unités = ___2___ centaines + 4 dizaines + 5 unités

f) 7 centaines + 8 dizaines + 13 unités = 7 centaines + 9 dizaines + ___3___ unités

9. Dessine des modèles de base dix pour illustrer le regroupement des unités, des dizaines et des centaines dans la Question 8.a).

1. Trouve **la somme** en dessinant les blocs et en additionnant les chiffres.

a) 24 + 15

39

Blocs		Chiffres	
Dizaines	Unités	Dizaines	Unités
24		2	4
15		1	5
Somme		3	9

24 + 15 = __39__ ✓

b) 62 + 21

83

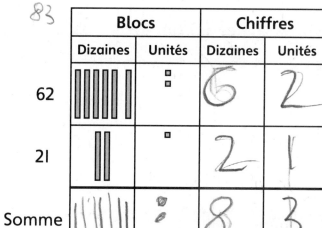

Blocs		Chiffres	
Dizaines	Unités	Dizaines	Unités
62		6	2
21		2	1
Somme		8	3

62 + 21 = __83__ ✓

c) 29 + 50

Blocs		Chiffres	
Dizaines	Unités	Dizaines	Unités
29		2	9
50		5	0
Somme		7	9

29 + 50 = __79__ ✓

d) 36 + 23

Blocs		Chiffres	
Dizaines	Unités	Dizaines	Unités
36		3	6
23		2	3
Somme		5	9

36 + 23 = __59__

2. Additionne les nombres en additionnant les chiffres. Commence avec la position des unités.

a)
```
  2 3
+ 1 2
-----
  3 5 ✓
```

b)
```
  4 8
+ 2 1
-----
  6 9 ✓
```

c)
```
  6 3
+ 3 6
-----
  9 9 ✓
```

d)
```
  4 3
+ 4 5
-----
  8 8 ✓
```

e)
```
  8 7
+ 1 0
-----
  9 7 ✓
```

3. Trouve la somme en dessinant les blocs et en additionnant les chiffres, puis regroupe.

a) 14 + 38

52

Blocs		Chiffres	
Dizaines	Unités	Dizaines	Unités
14		1	4
38		3	8
Somme		4	12
		5	2

14 + 38 = _52_

b) 19 + 12

22

Blocs		Chiffres	
Dizaines	Unités	Dizaines	Unités
19			9
12		1	2
Somme			

19 + 12 = _22_

c) 27 + 34

Blocs		Chiffres	
Dizaines	Unités	Dizaines	Unités
27		2	7
34		3	4
Somme		6	1
		7	5

27 + 34 = _____

d) 48 + 7

Blocs		Chiffres	
Dizaines	Unités	Dizaines	Unités
48		4	8
7		7	7
Somme		12	5
		18	5

48 + 7 = _____

4. Additionne les chiffres des unités, puis remplis les espaces vides.

a)
```
  [1][ ]
   5  8
+  1  4
[   ][ 2 ]
```

b)
```
  [1][ ]
   3  6
+  4  7
[   ][ 3 ]
```

c)
```
  [1][ ]
   1  5
+  2  8
[   ][ 3 ]
```

d)
```
  [1][ ]
   3  5
+  4  8
[   ][ 3 ]
```

e)
```
  [1][ ]
   2  7
+     5
[   ][ 2 ]
```

f)
```
  [1][ ]
   4  8
+  2  8
[   ][ 6 ]
```

g)
```
  [1][ ]
   2  5
+  3  5
[   ][ 0 ]
```

h)
```
  [1][ ]
   2  7
+  4  9
[   ][ 6 ]
```

5. Additionne les chiffres dans la position des dizaines.

a)
```
  [1][ ]
   5  8
+  1  4
[ 7 ][ 2 ]
```

b)
```
  [1][ ]
   1  6
+  2  7
[ 4 ][ 3 ]
```

c)
```
  [1][ ]
   1  4
+  1  6
[ 3 ][ 0 ]
```

d)
```
  [1][ ]
   2  5
+  2  9
[ 5 ][ 4 ]
```

e)
```
  [1][ ]
   1  7
+     8
[ 2 ][ 5 ]
```

f)
```
  [1][ ]
   3  7
+  5  7
[ 9 ][ 4 ]
```

g)
```
  [1][ ]
   4  5
+  4  5
[ 9 ][ 0 ]
```

h)
```
  [1][ ]
   2  3
+  6  9
[ 9 ][ 2 ]
```

6. Additionne les nombres en les regroupant.

a)
```
  [1][ ]
   3  7
+  3  6
[ 7 ][ 3 ]
```

b)
```
  [1][ ]
   1  6
+  4  5
[ 6 ][ 1 ]
```

c)
```
  [1][ ]
   3  2
+  1  9
[ 5 ][ 1 ]
```

d)
```
  [1][ ]
   2  7
+  5  8
[ 8 ][ 5 ]
```

7. Utilise une feuille quadrillée pour aligner les chiffres. (Place les unités sous les unités, les dizaines sous les dizaines.) Puis additionne par regroupement.

a) 29 + 5   b) 46 + 26   c) 31 + 49   d) 55 + 28

NS3-13 Addition par regroupement – les centaines

1. Additionne en additionnant les unités, les dizaines et les centaines.

a)
```
    2 3 4
  + 3 5 2
  ---------
    5 8 6
```
_2_ centaines + _3_ dizaines + _4_ unités
+ _3_ centaines + _5_ dizaines + _2_ unités
———————————————————
= _5_ centaines + _8_ dizaines + _6_ unités

b)
```
    4 7 2
  + 5 1 6
  ---------
    9 8 8
```
_4_ centaines + _7_ dizaines + _2_ unités
+ _5_ centaines + _1_ dizaine + _6_ unités
———————————————————
= _9_ centaines + _8_ dizaines + _8_ unités

c)
```
    1 0 8
  + 5 2 1
  ---------
    6 2 9
```
_1_ centaine + _0_ dizaines + _8_ unités
+ _5_ centaines + _2_ dizaines + _1_ unité
———————————————————
= _6_ centaines + _2_ dizaines + _9_ unités

2. Additionne les chiffres. Commence avec la position des unités.

a)
```
    2 9 5
  + 3 0 2
  ---------
    5 9 7
```

b)
```
    4 2 3
  + 2 6 1
  ---------
    6 8 4
```

c)
```
    3 1 2
  +   5 7
  ---------
    3 6 9
```

d)
```
    5 5 5
  + 4 4 4
  ---------
    9 9 9
```

e)
```
    3 4 7
  + 5 0 2
  ---------
    8 4 9
```

f)
```
    1 2 5
  + 3 6 4
  ---------
    4 8 9
```

g)
```
    4 2 3
  + 2 3 5
  ---------
```

h)
```
    6 3 1
  + 2 2 7
  ---------
```

i)
```
    4 2 8
  +   6 1
  ---------
    4 8 9
```

j)
```
    2 3 5
  + 5 0 0
  ---------
    7 3 5
```

k)
```
    4 2 3
  + 3 3 6
  ---------
    7 5 9
```

l)
```
    1 1 5
  + 2 6 1
  ---------
    3 7 6
```

m)
```
    1 3 1
  + 1 3 1
  ---------
    2 6 2
```

n)
```
    3 2 8
  +   6 1
  ---------
    3 8 9
```

o)
```
    9 8 9
  +   1 0
  ---------
    9 9 9
```

p)
```
    4 7 3
  + 4 2 4
  ---------
    8 9 7
```

3. Additionne. Tu devras regrouper les dizaines en centaines.

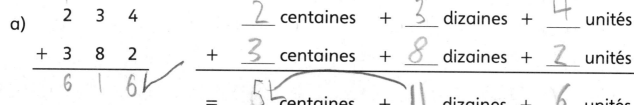

a)
```
    2  3  4
 +  3  8  2
 ─────────
    6  1  6 ✓
```
_____ centaines + _____ dizaines + _____ unités
__2__ centaines + __3__ dizaines + __4__ unités
__3__ centaines + __8__ dizaines + __2__ unités
= __5__ centaines + __11__ dizaines + __6__ unités

après le regroupement = __6__ centaines + __1__ dizaine + __6__ unités

b)
```
    5  8  7
 +  2  5  2
 ─────────
    8  3  9 ✓
```
__5__ centaines + __8__ dizaines + __7__ unités
__2__ centaines + __5__ dizaines + __2__ unités
= __7__ centaines + __13__ dizaines + __9__ unités

après le regroupement = __8__ centaines + __3__ dizaines + __9__ unités

4. Additionne. Tu devras regrouper les dizaines en centaines.

a)
```
    [1]
    3  7  5
 +  1  8  1
 ─────────
    5  5  6
```

b)
```
    [1]
    1  9  6
 +  2  4  1
 ─────────
    3  3  7 ✗
```

c)
```
    [1]
    1  8  4
 +  1  8  5
 ─────────
    3  6  9 ✓
```

d)
```
    [ ]
    2  4  5
 +  2  8  3
 ─────────
```

5. Additionne. Tu devras regrouper les unités en dizaines.

a)
```
    [1]
    1  4  7
 +  5  3  8
 ─────────
    6  8  5 ✓
```

b)
```
    [1]
    3  6  7
 +  5  1  7
 ─────────
    8  8  4 ✓
```

c)
```
    [1]
    4  3  5
 +  4  3  5
 ─────────
    8  7  0 ✓
```

d)
```
    [1]
    2  2  3
 +  6  4  9
 ─────────
    8  7  2 ✓
```

6. Écris les nombres dans la grille, puis trouve la somme par regroupement.

a) 725 + 168   b) 250 + 450   c) 649 + 216   d) 491 + 323

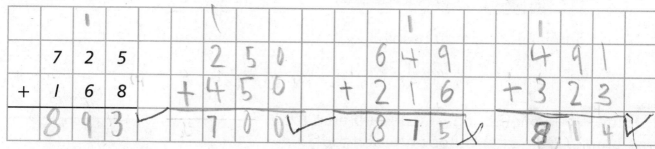

		1				1				1				1	
	7	2	5		2	5	0		6	4	9		4	9	1
+	1	6	8	+	4	5	0	+	2	1	6	+	3	2	3
	8	9	3 ✓		7	0	0 ✓		8	7	5 ✗		8	1	4 ✓

7. Additionne. Tu devras regrouper deux fois.

a) 745 + 187

	1	1	
	7	4	5
+	1	8	7
	9	3	2

b) 368 + 498

	1	1	
	3	6	8
+	4	9	8
	8	6	6

c) 649 + 276

	1	1	
	6	4	9
+	2	7	6
	9	2	5

d) 587 + 123

	1	1	
	5	8	7
+	1	2	3
	7	1	0

Parfois, la somme de nombres à 2 chiffres est un nombre à 3 chiffres.

Par exemple, 52 + 73

	5 dizaines	+	2 unités			5	2
+	7 dizaines	+	3 unités	ou	+	7	3
	12 dizaines	+	5 unités		1	2	5

après le regroupement = **1** centaine + **2** dizaines + **5** unités

---

8. Additionne les nombres. La réponse sera un nombre à 3 chiffres.

a)

	6	4
+	8	2
1	4	6

b)

	3	6
+	9	3
1	2	9

c)

	6	4
+	6	4
1	2	8

d)

	5	4
+	8	2
1	3	6

---

9. Additionne. Tu pourrais avoir à regrouper deux fois.

a)

	3	5	1
+	3	9	2
	7	4	3

b)

	1	1	
	2	6	3
+		9	8
	3	6	1

c)

	6	4	9
+	2	1	0
	8	5	9

d)

	1	1	
	6	8	9
+	1	5	3
	8	4	2

---

10. Additionne. Regroupe au besoin.

a) 495 + 311 806   b) 526 + 269 795   c) 312 + 453 765   d) 555 + 294 849

11. Blanca a 164 petites autos. Édouard en a 87.
Combien de petites autos ont-ils en tout?
251

1. Soustrais en barrant les dizaines et les unités.

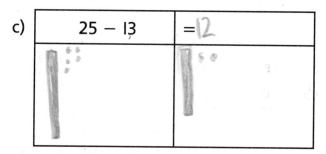

a)

| 48 − 16 | = 32 |

Barre 1 dizaine et
6 unités puisque
16 = 1 dizaine + 6 unités

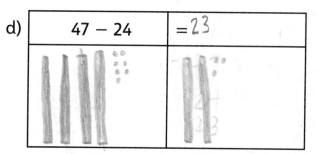

b)

| 36 − 21 | = 15 |

c)

| 25 − 13 | = 12 |

d)

| 47 − 24 | = 23 |

2. Écris le nombre de dizaines et d'unités dans chaque nombre, puis soustrais.

a) 49 = __4__ dizaines + __9__ unités

  − 26 = __2__ dizaines + __6__ unités

  = __2__ dizaines + __3__ unités

  = __23__

b) 59 = __5__ dizaines + __9__ unités

  − 23 = __2__ dizaines + __3__ unités

  = __2__ dizaines + __6__ unités

  = __36__

c) 67 = __6__ dizaines + __7__ unités

  − 53 = __5__ dizaines + __3__ unités

  = __1__ dizaine + __4__ unités

  = __14__

d) 86 = __8__ dizaines + __6__ unités

  − 54 = __5__ dizaines + __4__ unités

  = __3__ dizaines + __2__ unités

  = __32__

e) 97 = __9__ dizaines + __7__ unités

  − 56 = __5__ dizaines + __6__ unités

  = __4__ dizaines + __1__ unité

  = __41__

f) 81 = __8__ dizaines + __1__ unité

  − 61 = __6__ dizaines + __1__ unité

  = __2__ dizaines + __0__ unités

  = __20__

3. Écris le nombre en chiffres dans la forme décomposée, puis soustrais.

a)
$$46 = 40 + 6$$
$$- 32 = 30 + 2$$
$$= 10 + 4$$
$$= 14$$

b)
$$95 = 90 + 5$$
$$- 62 = 60 + 6$$
$$= 30 + 1$$
$$= 31$$

c)
$$37 = 30 + 7$$
$$- 11 = 10 + 1$$
$$= 20 + 6$$
$$= 26$$

d)
$$63 = 60 + 3$$
$$- 20 = 20 + 0$$
$$= 41 + 3$$
$$= 43$$

e)
$$29 = 20 + 9$$
$$- 14 = 10 + 4$$
$$= 10 + 5$$
$$= 15$$

f)
$$58 = 58$$
$$- 41 = 41$$
$$= 10 \quad 7$$
$$= 17$$

4. Soustrais les chiffres des unités, puis les chiffres des dizaines.

a)
$$\begin{array}{r} 2\ 8 \\ -\ 1\ 2 \\ \hline 1\ 6 \end{array}$$

b)
$$\begin{array}{r} 4\ 8 \\ -\ 2\ 7 \\ \hline 2\ 1 \end{array}$$

c)
$$\begin{array}{r} 6\ 9 \\ -\ 5\ 3 \\ \hline 1\ 6 \end{array}$$

d)
$$\begin{array}{r} 4\ 9 \\ -\ 4\ 5 \\ \hline 4 \end{array}$$

e)
$$\begin{array}{r} 8\ 7 \\ -\ 5\ 3 \\ \hline 3\ 4 \end{array}$$

Tu peux soustraire des nombres à 3 chiffres en alignant les chiffres.

Par exemple, 256 − 124

Écris les centaines sous les centaines. Écris les dizaines sous les dizaines. Écris les unités sous les unités.

Soustrais les unités. Soustrais les dizaines. Soustrais les centaines.

	2	5	6
−	1	2	4
	1	3	2

5. Soustrais. Commence avec la position des unités.

a)
	7	2	9
−	3	1	6
	4	1	3

b)
	8	9	5
−	2	5	4
	6	4	1

c)
	5	2	4
−	4	0	1
	1	2	3

d)
	3	9	8
−	1	6	3
	2	3	5

e)
	5	2	3
−	3	1	0
	2	1	3

f)
	9	5	8
−	4	2	3
	5	3	5

g)
	4	6	4
−	2	6	1
	2	0	3

h)
	3	7	8
−	3	6	1
		1	7

Soustraction par regroupement – les dizaines

I. Regroupe I bloc de dizaines sous la forme de 10 blocs d'unités.

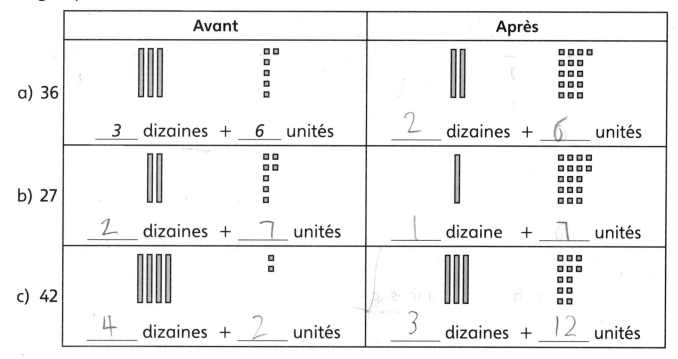

	Avant	Après
a) 36	__3__ dizaines + __6__ unités	__2__ dizaines + __6__ unités
b) 27	__2__ dizaines + __7__ unités	__1__ dizaine + __7__ unités
c) 42	__4__ dizaines + __2__ unités	__3__ dizaines + __12__ unités

2. Regroupe I dizaine sous la forme de 10 unités.

a)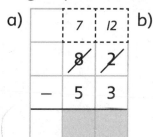

	7	12
	8̸	2̸
−	5	3

b)

	5	11
	6̸	1̸
−	4	8

c)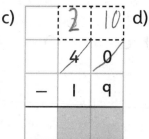

	2	10
	4̸	0̸
−	1	9

d)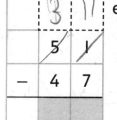

	3	11
	5̸	1̸
−	4	7

e)

	2	17
	3̸	5̸
−	1	8

f)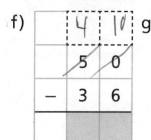

	4	10
	5̸	0̸
−	3	6

g)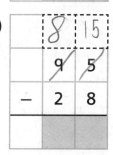

	8	15
	9̸	5̸
−	2	8

h)

	3	18
	2̸	8̸
−	1	9

i)

	2	13
	3̸	3̸
−	2	5

j)

	6	14
	7̸	4̸
−	4	6

k)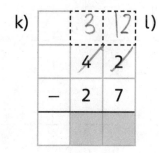

	3	12
	4̸	2̸
−	2	7

l)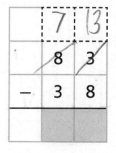

	7	13
	8̸	3̸
−	3	8

m)

	5	11
	6̸	1̸
−	5	7

n)

	8	10
	9̸	0̸
−	8	9

o)

	4	18
	5̸	8̸
−	3	9

3. Regroupe 1 dizaine sous la forme de 10 unités, puis soustrais.
Commence avec la position des unités.

a)
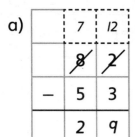

	7	12
	8̸	2̸
−	5	3
	2	9

b)
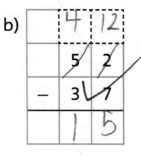

	4	12
	5	2
−	3	7
	1	5

c)
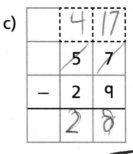

	4	17
	5	7
−	2	9
	2	8

d)
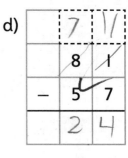

	7	11
	8	1
−	5	7
	2	4

e)
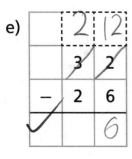

	2	12
	3	2
−	2	6
		6

f)
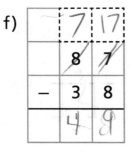

	7	17
	8	7
−	3	8
	4	9

g)
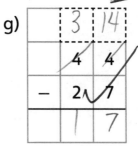

	3	14
	4	4
−	2	7
	1	7

h)

	5	5
	6	6
−	2	8
	3	3

4. Encercle le plus grand chiffre dans la position des unités. Regroupe au besoin et écris « regrouper ». Sinon, écris « OK ».

a)
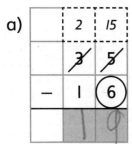

	2	15
	3̸	5̸
−	1	⑥
		1 9

regrouper

b)
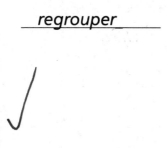

	4	⑧
−	2	5
		2 3

OK

c)
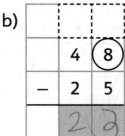

	2	12
	3	2
−	2	6
	0	6

regrouper

d)
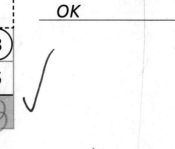

	5	8
−	2	7
	3	1

OK

e)
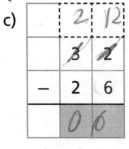

	4	16
	5	6
−	4	4
	1	2

OK

f)
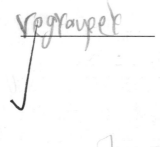

	8	12
	9	2
−	1	8
	7	4

Regrouper

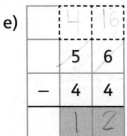
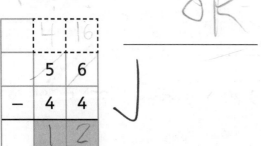
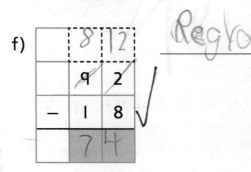

5. Écris « regrouper » ou « OK », puis soustrais. Regroupe au besoin.

a)

	2	15
	~~3~~	~~5~~
−	1	6
	1	9

regrouper

b)

	6	8
−	2	5
	4	3

OK

c)

	2	12
	~~3~~	~~2~~
−	2	6
		6

regrouper ✓

d)

	4	8
−	2	7
	2	1

OK ✓

6. Soustrais. Regroupe au besoin.

a)

	3	12
	~~4~~	~~2~~
−	2	7
	1	5

b)

	4	12
	5	2
−	3	1
	2	1

✓

c)

	5	16
	6	6
−	2	9
	3	7

✓

d)

	8	1
−	5	0
	3	1

✓

e)

	3	14
	~~4~~	~~4~~
−	3	7
		7

✓

f)

	8	17
	9	7
−	3	9
	5	7

✓

g)

	4	4
−	2	4
	2	0

✓

h)

	5	6
−	1	5
	4	1

✓

i)

	9	2
−	8	1
	1	1

✓

j)

	7	17
	8	7
−	3	7
	5	0

✓

k)

	5	0
−	1	7
	4	7

✓

l)

	9	2
−	2	6
	7	4

✓

7. As-tu besoin de regrouper le nombre du haut dans cette question? Explique.

5 12
~~6 2~~ (15)
− 47

Parce que 2 est plus petit que 7

NS3-I6 Soustraction par regroupement – les centaines

Pour soustraire 327 − 182, regroupe I bloc de centaines sous la forme de 10 blocs de dizaines.

Soustrais ensuite en barrant les unités, les dizaines et les centaines.

Centaines	Dizaines	Unités
3	2	7

Centaines	Dizaines	Unités
2	12	7

Centaines	Dizaines	Unités
1	4	5

I. Regroupe I centaine sous la forme de 10 dizaines.

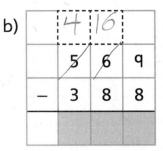
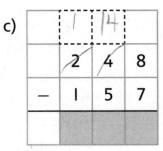
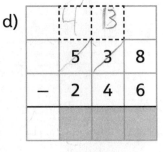

a)
	7	12
	8	2	4
−	5	3	3

b)
	4	16
	5	6	9
−	3	8	8

c)
	1	14
	2	4	8
−	1	5	7

d)
	4	13
	5	3	8
−	2	4	6

2. Regroupe I centaine sous la forme de 10 dizaines, puis soustrais.
Commence avec la position des unités.

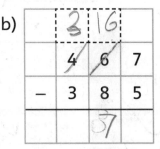
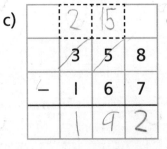

a)
	3	15
	4	5	4
−	2	6	3
	1	6	

b)
	3	16
	4	6	7
−	3	8	5
		3	7

c)
	2	15
	3	5	8
−	1	6	7
	1	9	2

d)
	8	13
	9	3	6
−	2	7	6
	6	6	0

e)
	1	15
	2	5	2
−	1	9	0
		6	2

f)
	8	18
	8	8	5
−	3	9	2
	5	1	3

g)
	4	12
	5	2	6
−	3	8	4
	1	4	2

h)
	3	13
	4	3	3
−	2	8	2
	1	5	1

3. Soustrais. Regroupe 1 centaine sous la forme de 10 dizaines ou 1 dizaine sous la forme de 10 unités.

a)
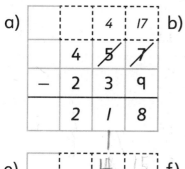

	4	17
4	5	7
− 2	3	9
2	1	8

b)

	6	16
3	6	6
− 2	9	5
1	7	1

c)

	5	16
4	6	6
− 1	3	9
3	2	7

d)

7	12	14
8	2	5
− 2	7	4
6	5	0

e)
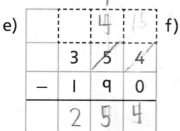

	4	15
3	5	4
− 1	9	0
2	5	4

f)
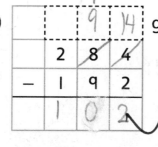

	9	14
2	8	4
− 1	9	2
1	0	2

g)

	8	16
6	9	6
− 3	8	8
3	0	8

h)

	11	17
4	1	7
− 2	8	2
2	3	5

i)

	16	
5	6	7
− 2	9	3
3	7	4

j)

		11
4	5	1
− 3	2	7
1	3	4

k)

	14	
6	4	8
− 3	5	1
3	9	7

l)

		18
2	7	8
− 1	6	9
1	1	9

Pour soustraire 642 − 279, tu dois regrouper deux fois.

Étape 1 :

	3	12
6	4	2
− 2	7	9

Étape 2 :

	3	12
6	4	2
− 2	7	9
		3

Étape 3 :

	13	
5	3	12
6	4	2
− 2	7	9
		3

Étape 4 :

	13	
5	3	12
6	4	2
− 2	7	9
	6	3

Étape 5 :

	13	
5	3	12
6	4	2
− 2	7	9
3	6	3

4. Soustrais. Tu devras regrouper deux fois.

a)
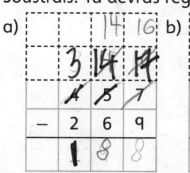

14	16	
3	14	14
4	5	7
− 2	6	9
1	8	8

b)

	15	
3	5	17
4	6	7
− 1	9	8
2	6	9

c)

	12	11
3	2	1
− 1	6	7
2	6	4

d)
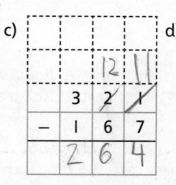

	12	15
2	5	
9	3	6
− 2	7	8
7	6	8

5. Soustrais. Tu devras regrouper deux fois.

a)
```
      1
    X 17
  3 2 7
- 1 6 9
  4 5 8
```

b)
```
      1 1
  4 7 17
  5 8 7
- 1 9 8
  3 8 9
```

c)
```
    1 0
    8 1 1
  8 1 1
- 2 7 5
  6 3 7
```

d)
```
    12 15
    X 18
  7 2 5
- 2 7 8
  5 5 7
```

e)
```
    15 12
    4 8
  2 5 2
- 1 9 9
  1 6 3
```

f)
```
      14
    17 4
  4 7 5
- 2 9 6
  2 8 9
```

g)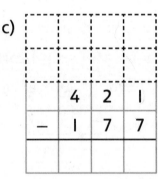
```
    12 15
  8 2 5
- 3 3 6
  5 9 9
```

h)
```
    14 14
  4 4 4
- 2 8 8
  2 6 6
```

6. Soustrais. Regroupe au besoin.

a)
```
  4 3 7
- 1 0 9
```

b)
```
  4 8 7
- 1 9 2
```

c)
```
  4 2 1
- 1 7 7
```

d)
```
  7 2 5
- 2 1 3
```

e)
```
  3 6 3
- 1 9 9
```

f)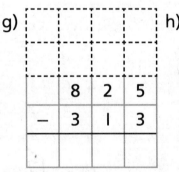
```
  4 2 2
- 2 9 6
```

g)
```
  8 2 5
- 3 1 3
```

h)
```
  4 4 4
- 2 8 1
```

7. Sam a 346 dollars. Il donne 175 dollars à un organisme de charité. Combien d'argent lui reste-t-il? Illustre ton travail.

8. Clara possède une collection de 562 autocollants. Elle donne 384 autocollants à sa sœur. Combien reste-t-il d'autocollants à Clara?

Pour soustraire de 100, tu dois regrouper à partir des centaines avant de pouvoir regrouper les dizaines. Par exemple :

Étape 1 :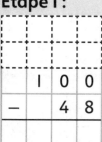

Étape 2 :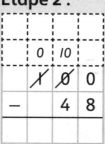

Étape 3 :

Étape 4 :

		9	
	0	̶1̶0̶	10
	̸1	̸0	̸0
−		4	8
		5	2

9. Soustrais par regroupement.

a)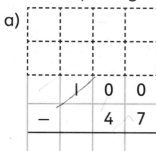

b)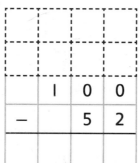

c)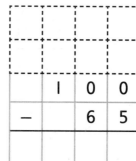

d)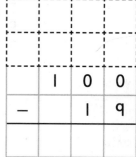

a)
	1	0	0
−		4	7

b)
	1	0	0
−		5	2

c)
	1	0	0
−		6	5

d)
	1	0	0
−		1	9

10. Soustrais maintenant de 99 sans regroupement.

a)
	9	9
−	4	7

b)
	9	9
−	5	2

c)
	9	9
−	6	5

d)
	9	9
−	1	9

Pour soustraire de 100, soustrais d'abord de 99. Puis ajoute 1 à la réponse.

| | 9 | 9 | ajoute 1 →
| --- | --- | --- |
| − | 4 | 6 |
| | 5 | 3 | ajoute 1 →

	1	0	0
−		4	6
		5	4

11. Soustrais de 99. Utilise la réponse pour soustraire de 100.

a)
	9	9
−	4	7

b)
	9	9
−	3	2

c)
	9	9
−	5	6

d)
	9	9
−	2	7

$100 - 47 =$ _____ $100 - 32 =$ _____ $100 - 56 =$ _____ $100 - 27 =$ _____

NS3-I7 Problèmes et énigmes

1. Tasha a 12 crayons. 8 sont à la maison et le reste
est à l'école.

a) Combien y a-t-il de crayons à l'école?

b) Comment as-tu résolu le problème? (As-tu fait un calcul?
Utilisé un modèle? Fait un dessin?)

2. Les chutes Takakkaw en Colombie-Britannique ont
302 m de hauteur. Les chutes Niagara en Ontario
ont 57 m de hauteur.

a) Laquelle de ces chutes est la plus haute? Comment le sais-tu?

b) De combien de mètres la chute la plus haute est-elle plus haute?

3. Rani veut additionner les nombres. Elle commence par additionner les unités.
Explique pourquoi Rani a écrit le chiffre I au-dessus du chiffre 3.

a)

	I	
	3	5
+	4	9
		4

b)

	I		
	3	6	7
+	2	4	1
		0	8

4. Trouve l'erreur qu'a faite Ben.

a)

	2	
	4	7
+	2	5
	8	1

b)

	3	9
+	5	
	8	9

c)

	I		
	5	8	
+	2	6	0
	8	4	0

5. Jim a 17 livres. Tina a 35 livres.

a) Combien de livres Tina a-t-elle de plus que Jim?

b) Combien de livres ont-ils ensemble?

6. Sandy a 243 billes. Tony a 178 billes.

   a) Combien de billes ont-ils en tout?

   b) Comment sais-tu que Sandy a plus de billes que Tony?

   c) Combien de billes Sandy a-t-elle de plus que Tony? Illustre ton travail.

7. Trouve l'erreur qu'a faite Glen.

a)

		16
	5	6
−	4	8
	1	8

b)

	5	6	3
−		2	4
	3	2	3

c)

	3	14
	4̸	3̸
−	2	8
	1	6

8. Un traversier reliant l'Île-du-Prince-Édouard à la Nouvelle-Écosse contient 200 voitures. À 8 h, 73 voitures avaient embarqué. À 9 h, 84 voitures de plus sont arrivées.

   a) Combien de voitures en tout étaient arrivées à 9 h?

   b) Combien d'autres voitures peut-on embarquer sur le traversier avant qu'il ne soit rempli?

9. Place les chiffres 1, 2, 3, 4, 5, 6 dans les six cases du haut de manière à faire la somme la plus grande possible.

10 Place les chiffres 1, 2, 3, 4 dans les quatre cases du haut de manière à faire la différence la plus grande possible.

11. Voici les profondeurs maximums des Grands Lacs.

   a) Écris les profondeurs en ordre, de la plus petite à la plus grande.

   b) De combien de mètres le Lac Supérieur est-il plus profond que le Lac Michigan?

   c) De combien de mètres le Lac Huron est-il plus profond que le Lac Érié?

Profondeurs maximums des Grands Lacs	
Lac Supérieur	406 m
Lac Michigan	281 m
Lac Huron	229 m
Lac Érié	64 m
Lac Ontario	244 m

Les parties d'une phrase d'addition ont des noms spéciaux :

$$4 + 5 = 9$$

terme   terme   somme

1. Encercle les termes. Dessine un cadre autour de la somme.

a) $\boxed{15} = \bigcirc{5} + \bigcirc{10}$

b) $5 + 7 = 12$

c) $17 + 3 = 20$

d) $8 = 5 + 3$

e) $2 + 57 = 59$

f) $4 + 2 + 1 = 7$

g) $25 = 10 + 15$

h) $47 = 18 + 29$

i) $32 + 30 = 62$

j) $15 + 2 = 17$

k) $100 = 60 + 40$

l) $64 = 32 + 15 + 17$

Un **tableau d'addition** illustre la somme de deux termes.

$2 + 5 = 7$

+	0	1	2	3	4	⑤
0	0	1	2	3	4	5
1	1	2	3	4	5	6
②	2	3	4	5	6	$\boxed{7}$
3	3	4	5	6	7	8

terme → (ligne 2)   ⑤ ← terme $\boxed{7}$ ← somme

2. Complète le tableau d'addition.

a)

+	0	1	2	3
0	0	1		
1		2		
2				
3			5	

$3 + 2 = 5$

b)

+	4	5	6	7	8
4	8	9			
5					
6			12		
7			13		
8					

3. Encercle les termes dans le tableau d'addition. Dessine un cadre autour de la somme.

a) 2 + 3 = 5

+	0	1	2	③	4
0	0	1	2	3	4
1	1	2	3	4	5
②	2	3	4	[5]	6

b) 1 + 2 = 3

+	0	1	2	3	4
0	0	1	2	3	4
1	1	2	3	4	5
2	2	3	4	5	6

c) 1 + 3 = 4

+	0	1	2	3	4
0	0	1	2	3	4
1	1	2	3	4	5
2	2	3	4	5	6
3	3	4	5	6	7

d) 0 + 4 = 4

+	0	1	2	3	4
0	0	1	2	3	4
1	1	2	3	4	5
2	2	3	4	5	6
3	3	4	5	6	7

4. a) Colorie la **rangée** pour le terme 3.

+	0	1	2	3	4
0	0	1	2	3	4
1	1	2	3	4	5
2	2	3	4	5	6
3	3	4	5	6	7
4	4	5	6	7	8

Décris la régularité.

Commence à _____ et

additionne _____.

b) Colorie la **colonne** pour le terme 2.

+	0	1	2	3	4
0	0	1	2	3	4
1	1	2	3	4	5
2	2	3	4	5	6
3	3	4	5	6	7
4	4	5	6	7	8

Décris la régularité.

Commence à _____ et

additionne _____.

5. Dessine un cadre autour de la somme de 3 + 4.
Dessine un cadre autour de la somme de 4 + 3.

a) Que remarques-tu?

_____

b) De quelle propriété de l'addition s'agit-il?

_____

_____

+	0	I	2	3	4
0	0	I	2	3	4
I	I	2	3	4	5
2	2	3	4	5	6
3	3	4	5	6	7
4	4	5	6	7	8

6.

+	0	I	2	3	4	5	6	7	8	9
0	0	I	2	3	4	5	6	7	8	9
I	I	2	3	4	5	6	7	8	9	10
2	2	3	4	5	6	7	8	9	10	11
3	3	4	5	6	7	8	9	10	11	12
4	4	5	6	7	8	9	10	11	12	13
5	5	6	7	8	9	10	11	12	13	14
6	6	7	8	9	10	11	12	13	14	15
7	7	8	9	10	11	12	13	14	15	16
8	8	9	10	11	12	13	14	15	16	17
9	9	10	11	12	13	14	15	16	17	18

a) Décris la régularité dans les carrés gris pâle, ▨

Commence à _____ et additionne _____.

b) Décris la régularité dans les carrés gris foncé. ▰

_____

c) Colorie ta propre régularité. Décris la régularité que tu as coloriée.

_____

74

7. Alex a colorié tous les carrés dont la somme est « 7 » dans le tableau d'addition.

+	0	1	2	3	4	5	6	7	8	9
0	0	1	2	3	4	5	6	7	8	9
1	1	2	3	4	5	6	7	8	9	10
2	2	3	4	5	6	7	8	9	10	11
3	3	4	5	6	7	8	9	10	11	12
4	4	5	6	7	8	9	10	11	12	13
5	5	6	7	8	9	10	11	12	13	14
6	6	7	8	9	10	11	12	13	14	15
7	7	8	9	10	11	12	13	14	15	16
8	8	9	10	11	12	13	14	15	16	17
9	9	10	11	12	13	14	15	16	17	18

a) Remplis les espaces vides pour compléter les phrases d'addition.

    _0_ + _7_ = _7_

    _1_ + _6_ = _7_

    ____ + ____ = ____

    ____ + ____ = ____

    ____ + ____ = ____

    ____ + ____ = ____

    ____ + ____ = ____

    ____ + ____ = ____

b) Colorie la colonne du terme zéro. Trouve les sommes.

2 + 0 = _____   5 + 0 = _____   7 + 0 = _____   8 + 0 = _____

c) Quel est le résultat lorsque tu additionnes zéro à un nombre?

_____

1. Écris les nombres qui manquent.

a) $7 \;=\; \boxed{1} \;+\; \boxed{}$

$\boxed{2} \;+\; \boxed{}$

$\boxed{3} \;+\; \boxed{}$

b) $6 \;=\; \boxed{1} \;+\; \boxed{}$

$\boxed{2} \;+\; \boxed{}$

$\boxed{3} \;+\; \boxed{}$

2. Écris les nombres qui manquent.

$10 \;=\; \boxed{1} \;+\; \boxed{}$

$\boxed{2} \;+\; \boxed{}$

$\boxed{3} \;+\; \boxed{}$

$\boxed{4} \;+\; \boxed{}$

$\boxed{5} \;+\; \boxed{}$

3. Encercle les 2 termes qui donnent 10.

a) ②   7   ⑧

b) 3   7   4

c) 5   3   5

d) 6   4   5

e) 1   8   9

4. Encercle les 2 termes qui donnent 10. Écris le chiffre qui reste dans la case.

a) ④+ 5 +⑥= 10 + $\boxed{5}$

b) $7 + 3 + 4 = 10 + \boxed{}$

c) $8 + 3 + 2 = 10 + \boxed{}$

d) $6 + 9 + 4 = 10 + \boxed{}$

e) $9 + 1 + 7 = 10 + \boxed{}$

f) $5 + 8 + 2 = 10 + \boxed{}$

g) $5 + 3 + 5 = 10 + \boxed{}$

h) $3 + 9 + 1 = 10 + \boxed{}$

i) $3 + 7 + 4 = 10 + \boxed{}$

j) $6 + 5 + 4 = 10 + \boxed{}$

k) $5 + 7 + 5 = 10 + \boxed{}$

l) $5 + 7 + 3 = 10 + \boxed{}$

m) $3 + 7 + 8 = 10 + \boxed{}$

n) $4 + 8 + 6 = 10 + \boxed{}$

5. Additionne mentalement.

a) $10 + 5 =$ _____

b) $10 + 7 =$ _____

c) $40 + 8 =$ _____

d) $50 + 9 =$ _____

e) $60 + 1 =$ _____

f) $20 + 3 =$ _____

g) $40 + 4 =$ _____

h) $30 + 6 =$ _____

i) $90 + 9 =$ _____

j) $120 + 5 =$ _____

k) $460 + 7 =$ _____

l) $980 + 6 =$ _____

m) $800 + 3 =$ _____

n) $670 + 5 =$ _____

BONUS ▶

o) $400 + 12 =$ _____

p) $300 + 25 =$ _____

6. Remplis les cases.

a) $8 + 6 = 8 + \boxed{2} + \boxed{4}$

      ces chiffres font 10   chiffre restant

b) $9 + 5 = 9 + \boxed{} + \boxed{}$

      ces chiffres font 10   chiffre restant

c) $6 + 5 = 6 + \boxed{} + \boxed{}$

      ces chiffres font 10   chiffre restant

d) $5 + 7 = 5 + \boxed{} + \boxed{}$

      ces chiffres font 10   chiffre restant

e) $9 + 4 = 9 + \boxed{} + \boxed{}$

f) $8 + 8 = 8 + \boxed{} + \boxed{}$

g) $7 + 6 = 7 + \boxed{} + \boxed{}$

h) $9 + 6 = 9 + \boxed{} + \boxed{}$

i) $6 + 6 = 6 + \boxed{} + \boxed{}$

j) $8 + 7 = 8 + \boxed{} + \boxed{}$

k) $7 + 8 = 7 + \boxed{} + \boxed{}$

l) $5 + 8 = 5 + \boxed{} + \boxed{}$

m) $6 + 9 = 6 + \boxed{} + \boxed{}$

n) $8 + 3 = 8 + \boxed{} + \boxed{}$

7. Additionne en suivant les étapes.

a) $7 + 5 = \boxed{7} + \boxed{3} + \boxed{2} = \underline{\quad 10 + 2 = 12 \quad}$

ces chiffres font 10   chiffre restant

b) $26 + 5 = 26 + \boxed{} + \boxed{} = \underline{\hspace{4cm}}$

ces chiffres font 30   chiffre restant

c) $78 + 6 = 78 + \boxed{} + \boxed{} = \underline{\hspace{4cm}}$

ces chiffres font 80   chiffre restant

d) $45 + 8 = 45 + \boxed{} + \boxed{} = \underline{\hspace{4cm}}$

ces chiffres font 50   chiffre restant

e) $37 + 8 = 37 + \boxed{} + \boxed{} = \underline{\hspace{4cm}}$

ces chiffres font _____   chiffre restant

f) $68 + 7 = 68 + \boxed{} + \boxed{} = \underline{\hspace{4cm}}$

ces chiffres font _____   chiffre restant

8. Trouve mentalement la réponse.

a) Ray a 38 dollars.
Ses parents lui donnent 7 dollars.
Combien d'argent Ray a-t-il?

b) Don a 26 autocollants.
Emma a 7 autocollants.
Combien en ont-ils ensemble?

9. Explique comment tu additionnes mentalement 37 + 5.

10. Additionne mentalement 48 + 5. Utilise ensuite ton résultat
pour additionner mentalement 480 + 50.

NS3-20 Les doubles

10 est le **double** de 5 parce que 5 + 5 = 10.

1. Additionne pour former le double.

a) Le double de 3 est __6__. b) Le double de 4 est __8__. c) Le double de 6 est ____.

d) Le double de 2 est ____. e) Le double de 7 est ____. f) Le double de 8 est ____.

2. Additionne pour former le double.

a) Le double de 20 est __40__. b) Le double de 10 est ____. c) Le double de 40 est ____.

d) Le double de 60 est ____. e) Le double de 90 est ____. f) Le double de 50 est ____.

16 = 10 + 6

double de 10 ⌐   ⌐ double de 6

Alors le double de 16 est 20 + 12.

3. Remplis le tableau pour doubler les nombres.

Nombre	24	14	12	32	22
Écris les dizaines et les unités	20 + 4				
Double les dizaines et les unités	40 + 8				
Double	48				

4. Double les dizaines, puis double les unités pour doubler le nombre.

Nombre	31	43	32	41	13
Double	62				

5. Remplis le tableau pour doubler les nombres.

Nombre	27	16	38	46	78
Écris les dizaines et les unités	20 + 7				
Double les dizaines et les unités	40 + 14				
Double	54				

Tu peux additionner des **quasi-doubles** en doublant le plus petit chiffre, puis en y additionnant 1.

6. Montre comment tu peux additionner en doublant le plus petit chiffre, puis en y additionnant 1.

a) $8 + 9 = 8 + \boxed{8} + \boxed{1}$

        double   font 9

b) $6 + 5 = 5 + \boxed{5} + \boxed{1}$

        double   font 6

c) $6 + 7 = 6 + \boxed{} + \boxed{}$

d) $8 + 7 = 7 + \boxed{} + \boxed{}$

e) $20 + 21 = 20 + \boxed{} + \boxed{}$

f) $41 + 40 = 40 + \boxed{} + \boxed{}$

Tu peux additionner des quasi-doubles en doublant le plus grand chiffre, puis en y soustrayant 1.

7. Montre comment tu peux additionner en doublant le plus grand chiffre, puis en y soustrayant 1.

a) $7 + 6 = 7 + \boxed{7} - \boxed{1}$

        double   font 6

b) $8 + 9 = 9 + \boxed{9} - \boxed{1}$

        double   font 8

c) $8 + 7 = 8 + \boxed{} - \boxed{}$

d) $5 + 6 = 6 + \boxed{} - \boxed{}$

e) $30 + 29 = 30 + \boxed{} - \boxed{}$

f) $39 + 40 = 40 + \boxed{} - \boxed{}$

Tu peux additionner des nombres séparés par un écart de 2 en doublant le nombre qui se trouve entre eux.

8. Additionne en doublant le chiffre entre les deux.

a) $7 + 9 = \underline{8 + 8} = \underline{16}$

b) $3 + 5 = \underline{} = \underline{}$

c) $8 + 6 = \underline{} = \underline{}$

d) $13 + 15 = \underline{} = \underline{}$

e) $29 + 31 = \underline{} = \underline{}$

f) $62 + 64 = \underline{} = \underline{}$

9. Abella additionne $8 + 9$ en faisant les opérations $8 + 8 - 1$. A-t-elle raison? Explique.

Addition de dizaines et addition d'unités

```
☐☐☐☐  +  ☐☐☐              ||||  +  |||

  4   +   3   =   7        4 dizaines  +  3 dizaines  =  7 dizaines
                               40       +     30      =     70
```

1. Souligne le chiffre des dizaines. Puis additionne.

   a) $\underline{3}0 + \underline{2}0 = \underline{50}$ b) $50 + 40 = \underline{}$ c) $10 + 20 = \underline{}$

   d) $70 + 20 = \underline{}$ e) $80 + 10 = \underline{}$ **BONUS** ▶ $70 + 50 = \underline{}$

```
        23  =  20  +  3           ||☐☐☐
                                  ||
        34  =  30  +  4           |||☐☐☐☐
    _____
    23 + 34  =  50  +  7           = 57
```

2. Additionne les dizaines. Additionne les unités. Puis additionne
   les deux résultats pour trouver la somme.

   a) $\quad 21 = \underline{20} + \underline{1}$ b) $\quad 43 = \underline{40} + \underline{}$

   $\quad\quad 32 = \underline{30} + \underline{2}$ $\quad\quad 35 = \underline{30} + \underline{}$

   $21 + 32 = \underline{50} + \underline{3} = \underline{53}$ $43 + 35 = \underline{} + \underline{} = \underline{}$

   c) $\quad 54 = \underline{} + \underline{}$ d) $\quad 63 = \underline{} + \underline{}$

   $\quad\quad 13 = \underline{} + \underline{}$ $\quad\quad 26 = \underline{} + \underline{}$

   $54 + 13 = \underline{} + \underline{} = \underline{}$ $63 + 26 = \underline{} + \underline{} = \underline{}$

3. Souligne les dizaines. Encercle les unités. Puis additionne mentalement.

   a) $\underline{4}②+ \underline{2}③ = \underline{65}$ b) $17 + 31 = \underline{}$ c) $63 + 24 = \underline{}$

   d) $56 + 23 = \underline{}$ e) $21 + 64 = \underline{}$ f) $44 + 22 = \underline{}$

$$28 = 20 + 8$$
$$34 = 30 + 4$$
$$\overline{}$$
$$28 + 34 = 50 + 12$$

$$= 50 + 10 + 2 = 62$$

4. Regroupe le deuxième nombre.

a) $40 + 13 = 40 +$ _10_ $+$ _3_

b) $50 + 16 = 50 +$ _____ $+$ _____

c) $70 + 18 = 70 +$ _____ $+$ _____

d) $90 + 14 = 90 +$ _____ $+$ _____

5. Additionne les dizaines et les unités, regroupe, puis trouve la somme.

a)
$$37 = \underline{\ 30\ } + \underline{\ 7\ }$$
$$16 = \underline{\ 10\ } + \underline{\ 6\ }$$
$$37 + 16 = \underline{\ 40\ } + \underline{\ 13\ }$$
$$= \underline{\ 53\ }$$

b)
$$24 = \underline{\ 20\ } + \underline{}$$
$$59 = \underline{\ 50\ } + \underline{}$$
$$24 + 59 = \underline{} + \underline{}$$
$$= \underline{}$$

c)
$$59 = \underline{} + \underline{}$$
$$43 = \underline{} + \underline{}$$
$$59 + 43 = \underline{} + \underline{}$$
$$= \underline{}$$

d)
$$42 = \underline{} + \underline{}$$
$$28 = \underline{} + \underline{}$$
$$42 + 28 = \underline{} + \underline{}$$
$$= \underline{}$$

6. Souligne les dizaines. Encercle les unités. Puis additionne.

a) $4\underline{5} + 2\underline{7} = $ _60 + 12 = 72_

b) $45 + 29 = $ _____

c) $27 + 68 = $ _____

d) $36 + 86 = $ _____

7. Le chien de Simon doit manger 95 g de nourriture pour chien chaque jour. Ce matin, il a mangé 69 g de nourriture. En après-midi, il en a mangé 37 g.

a) Combien de grammes de nourriture le chien a-t-il mangés aujourd'hui?

b) Le chien de Simon a-t-il suffisamment mangé? Explique.

8. La sœur de Jane a travaillé 17 heures dans un restaurant cette semaine et 24 heures la semaine d'avant. Combien d'heures a-t-elle travaillé en tout au cours des deux dernières semaines?

Logique numérale 3-21

□□□ + □□
3 + 2 = 5   Lis à l'envers pour faire la soustraction.   □□□⊠⊠
                                                                   5 − 2 = 3

1. Écris une phrase de soustraction pour la phrase d'addition.

a)   4 + 3 = 7

   _7_ − _3_ = _4_

b)   3 + 6 = 9

   ___ − ___ = _3_

c)   7 + 3 = 10

   ___ − ___ = ___

d)   5 + 5 = 10

   ___ − ___ = ___

---

4 + 3 = 7   donc   40 + 30 = 70

7 − 3 = 4   donc   70 − 30 = 40

---

2. Écris une phrase de soustraction pour la phrase d'addition.

a)   20 + 40 = 60

   _60_ − _40_ = _20_

b)   30 + 20 = 50

   ___ − ___ = _30_

c)   50 + 30 = 80

   ___ − ___ = ___

d)   60 + 40 = 100

   ___ − ___ = ___

□□□□⊠⊠⊠
7 − 3 = 4   Lis à l'envers pour faire l'addition.   □□□□ + □□□
                                                              4 + 3 = 7

---

3. Écris une phrase d'addition pour la phrase de soustraction.

a)   9 − 3 = 6

   _6_ + _3_ = _9_

b)   8 − 5 = 3

   ___ + ___ = _8_

c)   6 − 2 = 4

   ___ + ___ = ___

d)   7 − 1 = 6

   ___ + ___ = ___

$$7 - 3 = 4 \quad \text{donc} \quad 70 - 30 = 40$$
$$4 + 3 = 7 \quad \text{donc} \quad 40 + 30 = 70$$

4. Écris une phrase d'addition pour la phrase de soustraction.

a) $70 - 10 = 60$

$\underline{\ 60\ } + \underline{\ 10\ } = \underline{\ 70\ }$

b) $50 - 20 = 30$

$\underline{\quad} + \underline{\quad} = \underline{\ 50\ }$

c) $60 - 40 = 20$

$\underline{\quad} + \underline{\quad} = \underline{\quad}$

d) $80 - 10 = 70$

$\underline{\quad} + \underline{\quad} = \underline{\quad}$

5. Écris le terme, puis soustrais.

a) $\underline{\ 4\ } + 3 = 7$

donc $7 - 3 = \underline{\ 4\ }$

b) $\underline{\quad} + 2 = 8$

donc $8 - 2 = \underline{\quad}$

c) $\underline{\quad} + 4 = 6$

donc $\underline{\quad} - \underline{\quad} = \underline{\quad}$

d) $\underline{\quad} + 4 = 9$

donc $\underline{\quad} - \underline{\quad} = \underline{\quad}$

6. Écris le terme, puis soustrais.

a) $\underline{\ 20\ } + 30 = 50$

donc $50 - 30 = \underline{\ 20\ }$

b) $\underline{\ 10\ } + 50 = 60$

donc $60 - 50 = \underline{\quad}$

c) $\underline{\quad} + 40 = 90$

donc $\underline{\quad} - \underline{\quad} = \underline{\quad}$

d) $\underline{\quad} + 10 = 80$

donc $\underline{\quad} - \underline{\quad} = \underline{\quad}$

7. Pense à la phrase d'addition, puis soustrais.

a) $9 - 4 = \underline{\quad}$

b) $70 - 50 = \underline{\quad}$

c) $8 - 1 = \underline{\quad}$

d) $60 - 20 = \underline{\quad}$

e) $8 - 2 = \underline{\quad}$

f) $90 - 70 = \underline{\quad}$

g) $7 - 5 = \underline{\quad}$

h) $50 - 30 = \underline{\quad}$

i) $9 - 6 = \underline{\quad}$

BONUS ▶

j) $12 - 5 = \underline{\quad}$

k) $14 - 9 = \underline{\quad}$

l) $120 - 70 = \underline{\quad}$

NS3-23 Soustraire mentalement

> **RAPPEL ▶** Tu peux compter en montant pour soustraire.
>
> $9 - 5 = 4$ 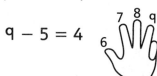 $23 - 18 = 5$

1. Compte en montant pour soustraire.

a) $8 - 3 =$ _____

b) $13 - 9 =$ _____

c) $17 - 8 =$ _____

d) $34 - 29 =$ _____

e) $72 - 68 =$ _____

BONUS ▶ $141 - 137 =$ _____

> Tu peux compter en montant par 10 pour soustraire des multiples de 10.
>
> $70 - 30 = 40$ $80 - 30 = 50$

2. Compte en montant par 10 pour soustraire.

a) $90 - 60 =$ _____

b) $70 - 50 =$ _____

c) $80 - 20 =$ _____

d) $50 - 10 =$ _____

e) $60 - 40 =$ _____

BONUS ▶ $120 - 30 =$ _____

> Tu peux soustraire mentalement $80 - 37$ en comptant en montant à partir de 37.
>
> | | Compte | Retiens la différence |
> |---|---|---|
> | **Étape 1 :** Compte les unités entre 37 et 40. | 38, 39, 40 | 3 |
> | **Étape 2 :** Compte les dizaines entre 40 et 80. | 50, 60, 70, 80 | 40 |
> | **Étape 3 :** Additionne. | | $3 + 40 = 43$ |

3. Soustrais mentalement en comptant en montant.

a) $70 - 24$

24 ⟨6⟩ 30 ⟨40⟩ 70

$6 + 40 = 46$

b) $60 - 38$

38 ◯ 40 ◯ 60

_____

c) $90 - 46$

46 ◯ 50 ◯ 90

_____

d) $80 - 12$

12 ◯ 20 ◯ 80

_____

Tu peux soustraire mentalement 73 − 28 en comptant en montant à partir de 28.

Compte	Retiens la différence
29, 30	2
40, 50, 60, 70	40
71, 72, 73	3

Étape 1 : Compte les unités entre 28 et 30.

Étape 2 : Compte les dizaines entre 30 et 70.

Étape 3 : Compte les unités entre 70 et 73.

Étape 4 : Additionne. $2 + 40 + 3 = 45$

4. Soustrais mentalement en comptant en montant.

a) 84 − 48   48 ②50 ㉚80 ④84 $2 + 30 + 4 = 36$

b) 94 − 37   37 ◯__ ◯90 ◯94   _____

c) 76 − 17   17 ◯__ ◯__ 76   _____

d) 62 − 25   25 ◯__ ◯__ ◯__   _____

5. Soustrais mentalement en comptant en montant.

a) 112 − 77   77 ◯80 ◯110 ◯112   _____

b) 134 − 68   68 ◯__ ◯130 ◯__   _____

c) 143 − 89   89 ◯__ ◯__ ◯__   _____

6. Éric a de la place pour 72 timbres dans son album. Il a déjà collectionné 35 timbres. Combien de timbres peut-il encore ajouter dans son album?

_____

7. Un avion peut transporter 134 passagers. Si 76 personnes y sont déjà assises, combien d'autres personnes peuvent encore embarquer dans l'avion?

_____

_____

NS3-24 Les parties et les totaux

I. Colorie des cases pour indiquer le nombre de billes, puis trouve le total et la différence.

a) 5 billes vertes
   3 billes bleues

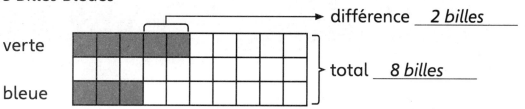

différence ___2 billes___

total ___8 billes___

b) 4 billes vertes
   6 billes bleues

différence _____

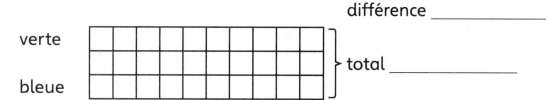

total _____

c) 8 billes vertes
   4 billes bleues

différence _____

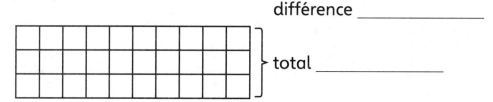

total _____

d) 9 billes vertes
   4 billes bleues

différence _____

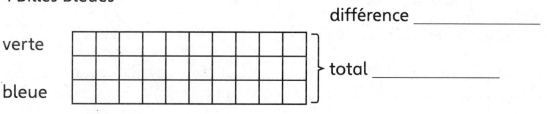

total _____

e) 3 billes vertes
   8 billes bleues

différence _____

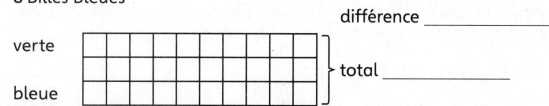

total _____

4 billes vertes

3 billes bleues de plus que de billes vertes

Tu peux tracer le diagramme en suivant les étapes ci-dessous.

Étape 1 : Colorie le nombre que tu connais.   **Étape 2 :** Trouve l'autre nombre.

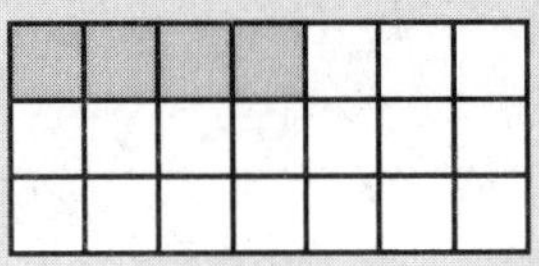

verte   verte

bleue

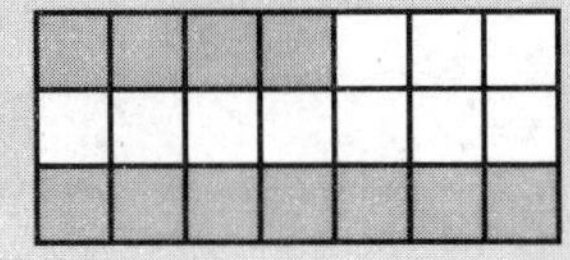

2. Trace le diagramme, puis remplis les espaces vides.

a) 5 billes vertes

2 billes bleues de plus que de billes vertes

différence _____

verte

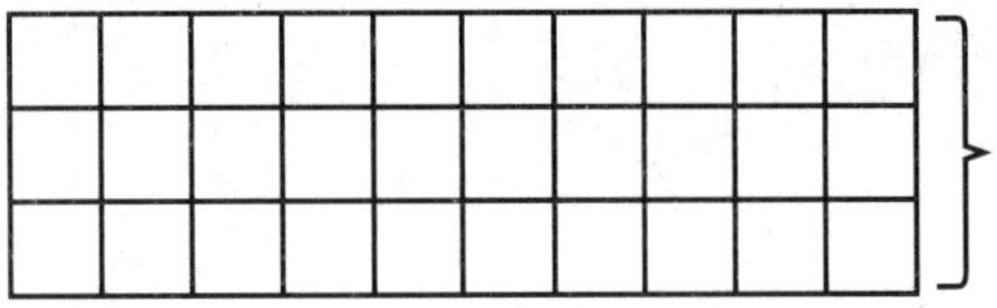

total _____

bleue

b) 4 billes bleues

3 billes vertes de plus que de billes bleues

différence _____

verte

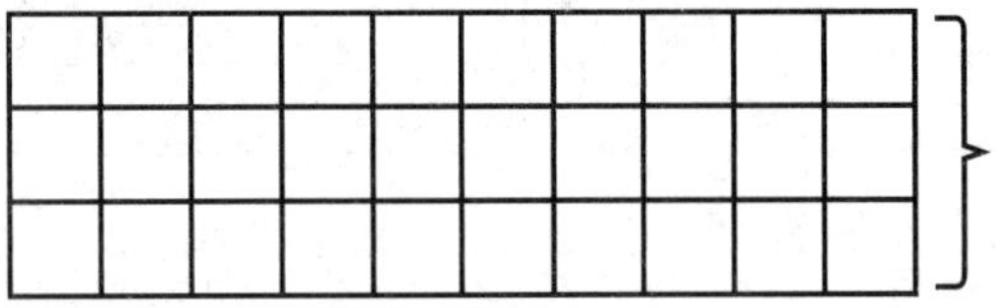

total _____

bleue

Parfois, tu connais le plus grand nombre.

6 billes vertes   4 billes vertes de plus que de billes bleues

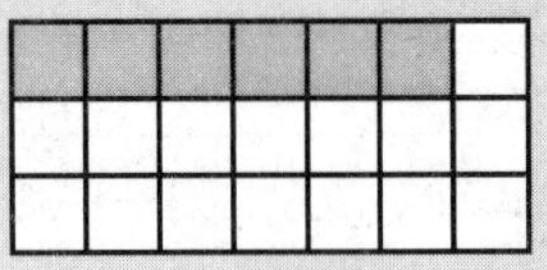

verte   verte

bleue

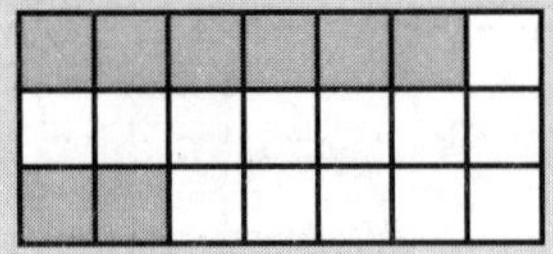

3. Trace le diagramme, puis remplis les espaces vides.

7 billes vertes

3 billes vertes de plus que de billes bleues

différence _____

verte

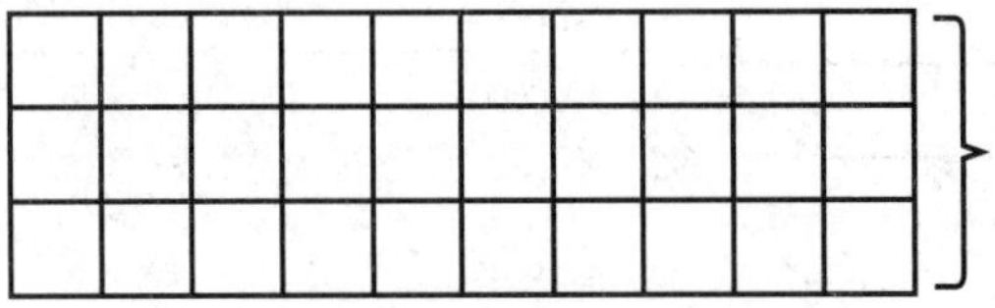

total _____

bleue

4. Trace le diagramme, puis remplis les espaces vides.

a) 9 billes vertes
   5 billes bleues

   différence _____

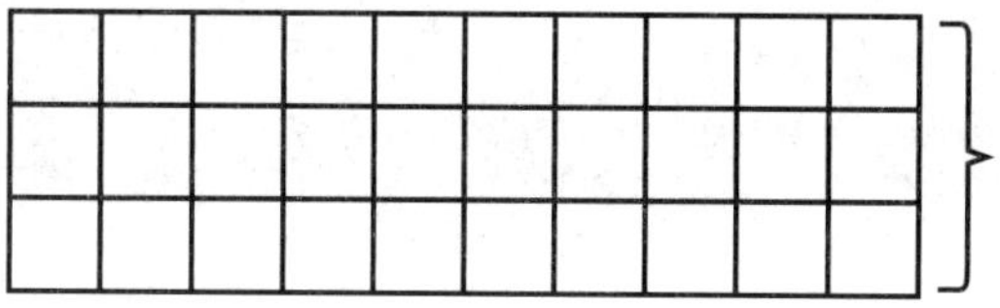

   ⎫ total _____

b) 6 billes en tout
   2 billes vertes

   différence _____

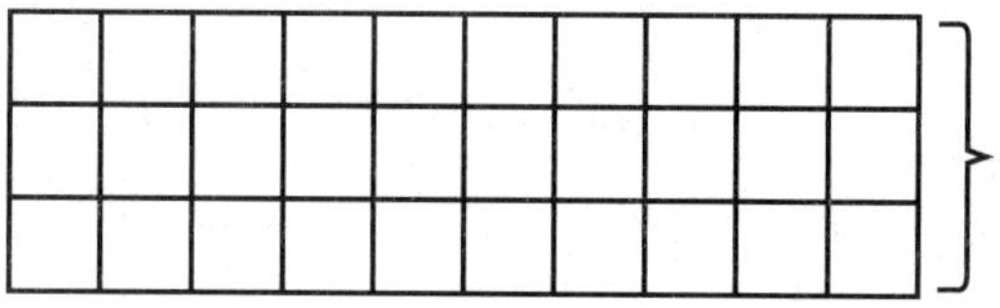

   ⎫ total _____

c) 3 billes vertes
   4 billes bleues de plus que de billes vertes

   différence _____

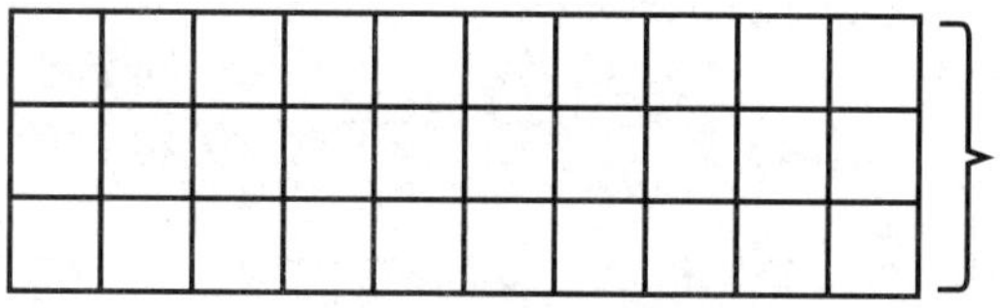

   ⎫ total _____

d) 8 billes vertes
   3 billes bleues de moins que de billes vertes

   différence _____

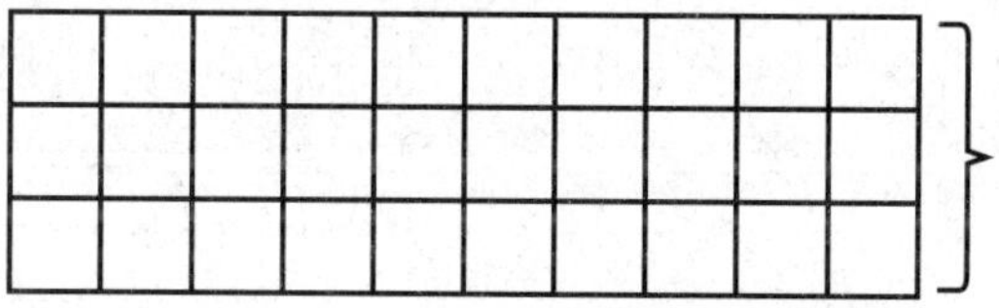

   ⎫ total _____

e) 9 billes bleues
   15 billes en tout

   différence _____

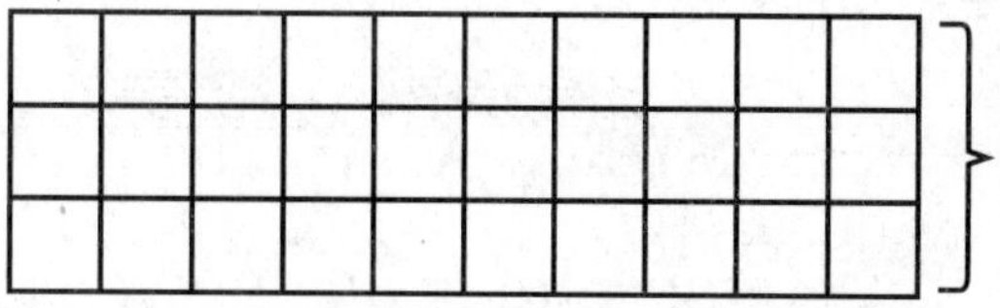

   ⎫ total _____

I. Remplis le tableau.

	Billes vertes	Billes bleues	Total	Différence
a)	3	5	8	*2 billes bleues de plus que de billes vertes*
b)	2	9		
c)	4		6	
d)		2	7	
e)	6		10	
f)	3			I bille bleue de plus que de billes vertes
g)		2		I bille verte de plus que de billes bleues
h)		4		I bille bleue de plus que de billes vertes
i)	7			5 billes vertes de plus que de billes bleues
j)		5		4 billes vertes de plus que de billes bleues
k)		12		6 billes bleues de plus que de billes vertes
l)	12	35		
m)	35			20 billes vertes de plus que de billes bleues

2. Écris + ou −.

a)
| Nombre de billes vertes | + | Nombre de billes bleues | = | Nombre total de billes |

b)
| Nombre de billes vertes | ——— | Nombre de billes bleues | = | Combien de billes vertes en plus |

c)
| Nombre de pommes vertes | ——— | Nombre de pommes rouges | = | Nombre total de pommes |

d)
| Nombre total de pommes | ——— | Nombre de pommes rouges | = | Nombre de pommes vertes |

e)
| Nombre de raisins verts | ——— | Nombre de raisins rouges | = | Combien de raisins verts de plus |

f)
| Nombre de haricots jaunes | ——— | Nombre de haricots verts | = | Combien de haricots jaunes de plus |

g)
| Nombre total de haricots | ——— | Nombre de haricots jaunes | = | Nombre de haricots verts |

h)
| Nombre de billes rouges | ——— | Nombre de billes bleues | = | Combien de billes rouges de plus |

3. Remplis le tableau. Encercle le nombre dans le tableau qui répond à la question.

		Rouge	Vert	Total	Différence
a)	Kate a 3 poissons verts et 4 poissons rouges. Combien de poissons a-t-elle en tout?	4	3	(7)	1
b)	Bill a 4 poissons verts et 6 poissons rouges. Combien de poissons a-t-il en tout?				
c)	Mary a 8 poissons verts et 2 poissons verts de plus que de poissons rouges. Combien de poissons a-t-elle en tout?				
d)	Jun a 19 poissons. Il a 15 poissons verts. Combien de poissons rouges a-t-il?				
e)	Hanna a 8 poissons verts et 3 poissons rouges de moins que de poissons verts. Combien de poissons a-t-elle en tout?				
f)	Ken a 22 poissons rouges et 33 poissons verts. Combien de poissons verts a-t-il de plus que de poissons rouges?				

4. Alice a 3 manuels de science et 4 manuels d'art. Combien de manuels a-t-elle?

5. Marko a 5 petits animaux de compagnie. Trois sont des chats et le reste est des chiens. Combien de chiens a-t-il?

6. Ed a 25 pommes rouges. Il a 14 pommes vertes de plus que de pommes rouges. Combien de pommes a-t-il?

7. Il y a 25 élèves dans une classe. Entre eux, 16 de ces élèves ont des animaux de compagnie.

a) Combien d'élèves n'ont pas d'animaux de compagnie?

b) Combien y a-t-il d'élèves de plus qui ont des animaux de compagnie?

NS3-26 Les sommes et les différences

Résous mentalement les problèmes.

1. Luc a 7 dollars et Camille a 15 dollars.
Combien d'argent ont-ils ensemble?

2. Anne a 12 ans. Sa sœur en a 23. De combien d'années sa
sœur est-elle plus âgée?

3. Une bibliothèque possède 520 livres, dont 150 ont été
empruntés. Combien reste-t-il de livres?

4. 52 élèves ont fait un voyage scolaire. Entre eux, 27 portaient
un chapeau. Combien ne portaient pas de chapeau?

5. Jayden a payé 75 cents pour un poisson rouge qui coûte
62 cents. Combien de monnaie a-t-il reçue?

6. La mère de Clara a 47 ans. Sa tante a 33 ans. De combien d'années
la mère de Clara est-elle plus âgée que la tante de Clara?

7. La Tour de Calgary en Alberta a environ 190 mètres de hauteur.
La Tour CN de Toronto, en Ontario, a près de 460 mètres de hauteur.
D'environ combien de mètres la Tour CN est-elle plus haute?

8. Éthan a vendu 27 billets de tirage en tout mercredi
et jeudi. Il a vendu 13 billets le jeudi.
Combien de billets a-t-il vendus le mercredi?

9. Sara a 35 crayons. Elle en a perdu 4.
Combien de crayons lui reste-t-il?

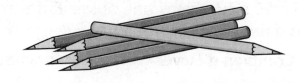

10. Un éléphant d'un an dans un zoo pèse près de 300 kg.
Combien deux éléphants de cette taille pèseraient-ils?

11. Alex a fait 24 kilomètres en vélo lundi et 13 kilomètres mardi.

a) Combien de kilomètres de plus a-t-elle parcourus
lundi par rapport à mardi?

b) Quelle distance a-t-elle parcourue en tout?

12. Tristan a fait 90 kilomètres en voiture mardi.
Mercredi, il a fait 40 kilomètres de plus que mardi.

a) Quelle distance a-t-il parcourue mercredi?

b) Quelle distance a-t-il parcourue en tout?

13. Amir a 85 cents. Lisa a 30 cents. Compte en montant pour
trouver combien d'argent Amir a de plus que Lisa.

14. Josh a lu deux livres de Roald Dahl. *Le BGG* comporte 208 pages.
Charlie et la chocolaterie compte 53 pages de moins que *Le BGG*.
Combien de pages a-t-il lues en tout?

15. Marla a 61 cartes de baseball. Elle en donne 29 et obtient
32 cartes en retour.

a) Compte en montant pour trouver combien de
cartes Marla avait après en avoir donné 29.

b) Combien de cartes a-t-elle en tout après avoir reçu
32 cartes en échange? Indice : Sers-toi des doubles.

ME3-I Mesurer en centimètres

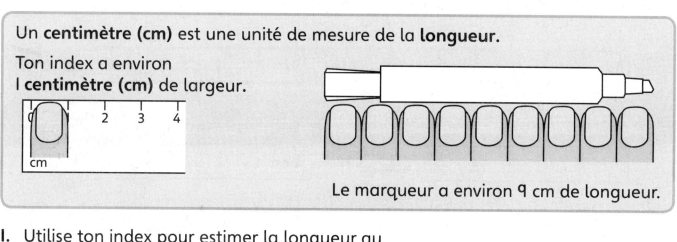

Un **centimètre (cm)** est une unité de mesure de la **longueur**.

Ton index a environ
I **centimètre (cm)** de largeur.

Le marqueur a environ 9 cm de longueur.

1. Utilise ton index pour estimer la longueur au centimètre le plus proche.

   a) Mon stylo a environ __21__ cm de longueur.

   b) Mon crayon a environ __7__ cm de longueur.

   c) Mon crayon à colorier a environ __16__ cm de longueur.

   d) Mon gomme a environ __5__ cm de longueur.

   e) Mon cahier de JUMP Math a environ __27__ cm de largeur.

   f) Mon bureau a environ __45__ cm de largeur.

2. Ta main a environ 10 cm de largeur. Utilise ta main, doigts écartés, pour estimer la longueur.

   a) Mon cahier de JUMP Math a environ __27__ cm de longueur.

   b) Mon bureau a environ __45__ cm de longueur.

   c) Mon bras a environ __55__ cm de longueur.

   d) Ma jambe a environ __75__ cm de longueur.

   e) Ma chaussure a environ __21__ cm de longueur.

   BONUS ▶ Mon bureau a environ __45__ cm de hauteur.

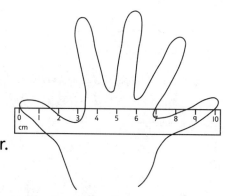

3. Quelle est la distance entre les deux flèches?

a) 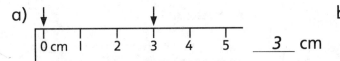 _3_ cm

b) 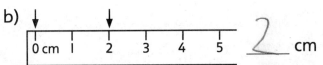 2 cm

c) 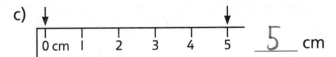 5 cm

d) 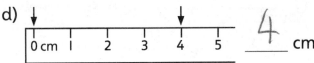 4 cm

4. Mesure la distance entre les flèches.

a) 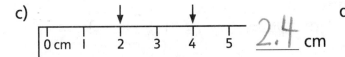 1 cm

b) 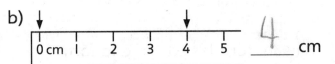 4 cm

BONUS ▶

c)  2.4 cm

d) 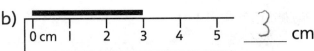 1.5 cm

5. Mesure la longueur de la ligne ou de l'objet.

a) 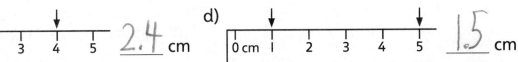 4 cm

b) 3 cm

c) 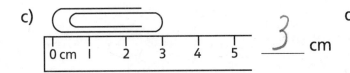 3 cm

d) 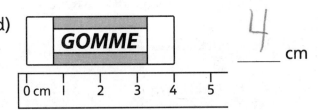 4 cm

GOMME

e) 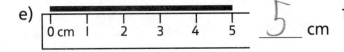 5 cm

f) 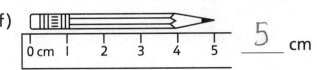 5 cm

6. Mesure la longueur de la ligne ou de l'objet.

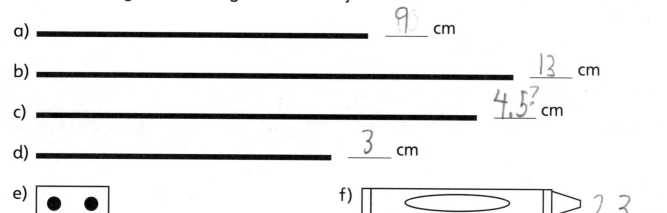

a) ____ 9 __ cm

b) ____ 13 __ cm

c) ____ 4.5 __ cm

d) ____ 3 __ cm

e) ____ 1 __ cm

f) ____ 2.3 __ cm

7. Mesure tous les côtés de la forme.

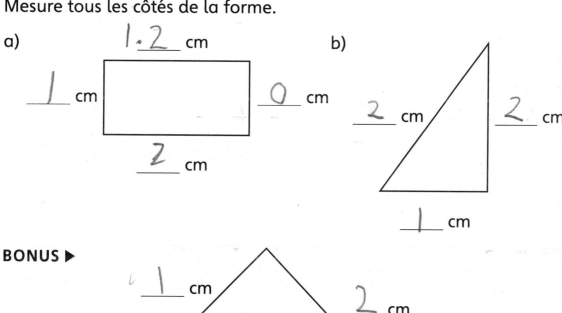

a) ____ 1.2 __ cm

____ 1 __ cm

____ 0 __ cm

____ 2 __ cm

b) ____ 2 __ cm

____ 2 __ cm

____ 1 __ cm

BONUS ▶

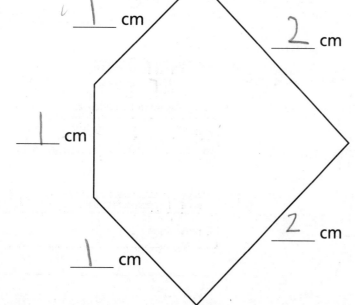

____ 1 __ cm

____ 2 __ cm

____ 1 __ cm

____ 2 __ cm

____ 1 __ cm

ME3-2 Mesurer et dessiner en centimètres

Tasha veut tracer une ligne de 5 cm de longueur.

Elle fait un point à la marque « zéro » sur la règle.

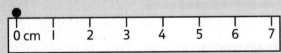

Elle compte ensuite 5 cm et fait un second point.

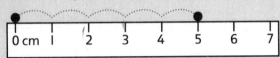

Elle relie les deux points.

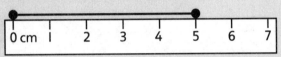

I. Dessine les points pour montrer la distance indiquée.

a) 4 cm de distance

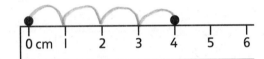

b) 2 cm de distance

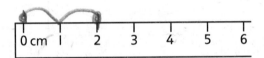

c) 3 cm de distance

d) I cm de distance

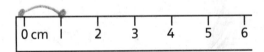

2. Trace une ligne de la longueur indiquée.

a) I cm de longueur

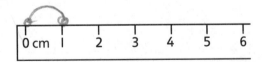

b) 4 cm de longueur

c) 3 cm de longueur

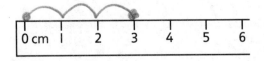

d) 6 cm de longueur

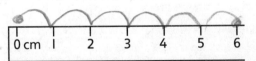

3. La ligne a-t-elle plus de 10 cm de longueur?
Fais une estimation. Puis mesure pour vérifier.

	Plus de 10 cm	Longueur réelle
a)	Non	6 cm
b)	oui	12 cm
c)	non	1 cm
d)	non	9 cm
e)	oui	11 cm

4. Les points sont-ils à moins de 10 cm de distance?
Estime, puis mesure pour vérifier.

	Moins de 10 cm	Distance (cm)
a)	non	2
b)	non	8
c)	oui	12
d)	non	4
e)	non	9

5. Trace une ligne de la longueur donnée. Utilise une règle.

a) 5 cm de longueur   b) 10 cm de longueur   c) 13 cm de longueur

11 cm

6. Trace une ligne de la longueur donnée. N'utilise pas de règle.

a) 7 cm de longueur   b) 9 cm de longueur   c) 14 cm de longueur

9 cm

7. Dessine l'objet exactement selon les mesures données.

a) un ver, 5 cm de longueur   b) une feuille, 11 cm de longueur

c) une cuillère, 9 cm de longueur

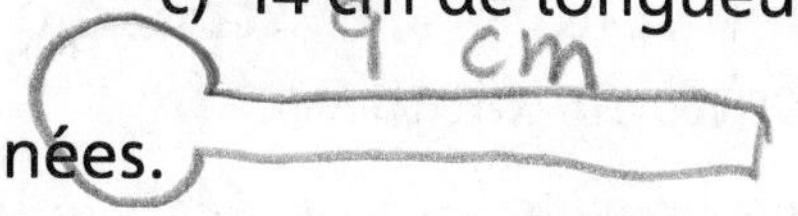

5 cm

ME3-3 Les mètres

Un bâton de baseball a environ
1 **mètre** de longueur.

Nous écrivons **m** pour mètre.

Le tableau a environ 3 m de longueur.

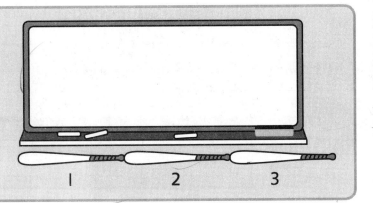

1   2   3

1. Fais une estimation. Mesure ensuite au mètre le plus proche.

	Objet	Estimation (m)	Mesure (m)
a)	Longueur d'un tableau	1m 34cm	1m 60cm
b)	Hauteur d'un tableau	1m 4cm	1m 2cm
c)	Largeur d'une armoire	1m 30cm	1m 27cm
d)	Hauteur d'une armoire	2m	2m 3cm
e)	Largeur d'une fenêtre de la classe	1m	80cm
f)	Longueur de la classe	6m	9m

Utilise ces longueurs pour faire ton estimation.

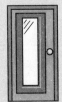   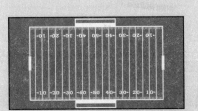

Une porte a environ 2 m de hauteur.

Un vélo a environ 2 m de longueur.

Un autobus scolaire a environ 10 m de longueur.

Un terrain de football a environ 100 m de longueur.

2. a) Une voiture a environ la longueur de 2 vélos. Quelle est la longueur de la voiture? 1m 33 cm

b) Un gros camion est aussi long que 2 autobus scolaires. Quelle est la longueur du camion? 10 m 32 cm

c) Kim court 6 fois la longueur d'un terrain de football. Quelle distance court-elle?

600m

3. Une porte a environ 2 m de hauteur. Chaque étage d'un bâtiment a environ deux portes de hauteur.

a) Combien d'étages a ton école? _____1_____

b) Quelle est environ la hauteur de ton école? _____4_____

4. a) Environ combien d'autobus scolaires peuvent stationner le long du terrain de jeu de ton école? _____7_____

b) Quelle est selon toi la longueur en mètres de la cour de ton école? Explique.

5. a) Tina court sur 250 m, puis marche sur 450 m. Quelle distance a-t-elle parcourue? 700

b) Cam marche sur 125 m, court sur 350 m, puis marche sur 125 m. Quelle distance a-t-il parcourue? 475

c) Qui a parcouru la plus grande distance, Tina ou Cam? Tina

6. Ren a 120 m de fil blanc, 325 m de fil rouge et 45 m de fil bleu.
Il a besoin de 450 m de fil pour faire une paire de chaussettes.

a) Ren a-t-il suffisamment de fil pour faire une paire de chaussettes blanches et rouges? 445

b) Ren a-t-il suffisamment de fil pour faire une paire de chaussettes bleues et rouges? 370

7. Le tableau indique la hauteur de certaines grandes tours au Canada.

Tour	Lieu	Hauteur (m)
Tour CN	Toronto, ON	553
Tour Ryan	Chelsea, QC	229
Tour de Calgary	Calgary, AB	191
Tour Bell Aliant	Moncton, NB	127

a) De combien de mètres la Tour CN est-elle plus haute que la Tour Ryan? 38

b) De combien de mètres la Tour Bell Aliant est-elle plus courte que la Tour de Calgary? 64

c) De combien de mètres la Tour Ryan est-elle plus haute que la Tour Bell Aliant? 100

d) Écris ta propre question sur la hauteur des tours. Partage ta question et demande à un(e) de tes ami(e)s d'y répondre.

ME3-4 Les mètres et les centimètres

> Le mètre a 100 cm de longueur.
> 1 m = 100 cm

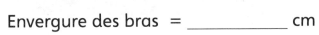

1. a) Étends tes bras. La distance dans l'image est appelée **envergure des bras**.

   Demande à un ou une amie de la classe de mesurer l'envergure de tes bras au moyen d'un bout de ficelle.

   Envergure des bras = _____ cm

   L'envergure de tes bras est-elle plus grande ou plus petite qu'un mètre? _____

   b) Étends tes bras. Plie le bras au coude, comme illustré. La distance dans l'image est appelée **envergure du bras au coude**.

   Demande à un ou une amie de la classe de mesurer l'envergure du bras au coude, avec de la ficelle.

   Envergure du bras au coude = _____ cm. L'envergure de ton

   bras au coude est-elle plus grande ou plus petite que 1 m? _____

   c) Laquelle des deux distances est la plus proche de 1 m? _____

> Ed se sert d'un mètre pour mesurer la longueur du tableau. Ce tableau a plus de 2 m de longueur.
>
> Ed mesure la distance qui reste en centimètres. Le tableau a 2 m 70 cm de longueur.
>
> Une mesure en mètres et en centimètres est appelée une **mesure mixte**.

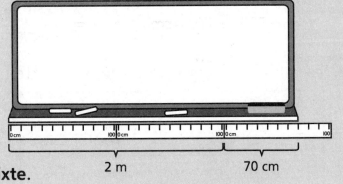

2. Mesure en mètres et en centimètres.

   a) Largeur d'une armoire = _____ m _____ cm

   b) Hauteur du dossier d'une chaise = _____ m _____ cm

   c) Largeur d'une fenêtre = _____ m _____ cm

   d) Longueur d'un tableau = _____ m _____ cm

   e) Longueur d'un tapis = _____ m _____ cm

3. Écris les mesures en centimètres.

Mètres	1 m	2 m	3 m	4 m	5 m	6 m	7 m	8 m
Centimètres	100 cm	200 cm						

4. Change les mètres en centimètres. Change les mesures mixtes en centimètres.

a) 3 m = ___300___ cm,

    alors 3 m 5 cm

    = ___300 + 5___ cm

    = ___305___ cm

b) 5 m = _____ cm,

    alors 5 m 15 cm

    = _____ cm

    = _____ cm

c) 2 m = _____ cm,

    alors 2 m 73 cm

    = _____ cm

    = _____ cm

d) 4 m = _____ cm,

    alors 4 m 8 cm

    = _____ cm

    = _____ cm

e) 6 m = _____ cm,

    alors 6 m 20 cm

    = _____ cm

    = _____ cm

f) 1 m = _____ cm,

    alors 1 m 3 cm

    = _____ cm

    = _____ cm

5. Change les mesures mixtes en centimètres.

a) 7 m 70 cm

    = ___700 + 70___ cm

    = _____ cm

b) 9 m 99 cm

    = _____ cm

    = _____ cm

c) 8 m 1 cm

    = _____ cm

    = _____ cm

d) 3 m 25 cm

    = _____ cm

e) 7 m 76 cm

    = _____ cm

f) 2 m 2 cm

    = _____ cm

6. Encercle le chiffre qui correspond aux mètres.

a) ③05 cm   b) 516 cm   c) 283 cm   d) 402 cm   e) 650 cm   f) 107 cm

BONUS ▶ Change les mètres en centimètres. Écris les longueurs de ces animaux dans l'ordre, du plus petit au plus grand.

Animal	Tigre du Bengale	Lynx du Canada	Couguar	Léopard des neiges
Longueur	2 m 90 cm	90 cm	2 m 20 cm	2 m

ME3-5 Les kilomètres

> Un **kilomètre (km)** est une unité de mesure des grandes distances. I km = I000 m

I. a) I000 = _____ centaines = _____ dizaines = _____ unités

b) Un terrain de football a environ I00 m de longueur. Combien de terrains de football pourrait-on faire entrer dans I km? _____

c) Un autobus scolaire a environ I0 m de longueur. Combien d'autobus scolaires pourrait-on stationner de bout en bout sur une distance de I km? _____

2. Tu peux marcher I km en environ I5 minutes. Nomme un endroit qui se trouve à environ I km de ta maison ou de ton école. _____

3. a) Qu'est-ce qui est le plus long, 999 m ou I km? Comment le sais-tu? _____

_____

b) Emma pense que 5 km c'est plus court que 850 m, parce que 5 est inférieur à 850. A-t-elle raison? Explique.

_____

_____

4. a) L'objet a-t-il moins de I m, à peu près I m ou plus de I m de longueur?

un trombone _____   un vélo _____

un livre _____   un bâton de baseball _____

b) En supposant que les objets sont placés l'un après l'autre de bout en bout, est-ce que cette file aura moins de I km, à peu près I km ou plus de I km de longueur?

I000 trombones   I000 vélos

_____   _____

I000 livres   I000 bâtons de baseball

_____   _____

BONUS ▶ 500 vélos _____

5. Utilise la carte pour écrire les distances séparant les villes.

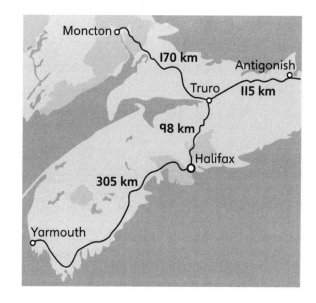

a) Moncton et Truro _____ km

b) Yarmouth et Halifax _____ km

c) Truro et Antigonish _____ km

d) Halifax et Truro _____ km

6. Utilise la carte pour répondre aux questions.

a) Jin se déplace de Moncton à Truro, puis se rend à Antigonish. Quelle distance a-t-il parcourue?

b) Rani se déplace de Yarmouth à Halifax, puis se rend à Truro. Quelle distance a-t-elle parcourue?

c) David va de Halifax à Truro, puis se déplace à Moncton. Quelle distance a-t-il parcourue?

d) Ordonne les distances parcourues par Jin, Rani et David, de la plus grande à la plus petite.

e) De combien de km la distance entre Halifax et Yarmouth est-elle plus grande que celle entre Halifax et Moncton?

f) Crée ta propre question au moyen des distances indiquées sur la carte. Réponds ensuite à ta question.

7. La carte montre une partie du Yukon.

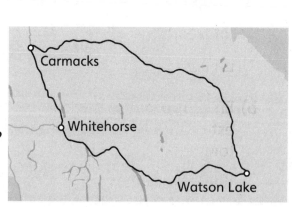

a) La distance entre Carmacks et Whitehorse est de 177 km. Celle entre Watson Lake et Whitehorse est plus grande de 261 km.

Quelle distance sépare Carmacks de Watson?

b) Liz va de Carmacks à Whitehorse, puis se rend à Watson Lake. Quelle distance a-t-elle parcourue?

c) Une autre route relie Carmacks à Watson Lake. Cette route a une longueur de 584 km.

Quelle route entre Carmacks et Watson Lake est la plus longue, celle qui passe par Whitehorse ou l'autre route? De combien est-elle plus longue?

ME3-6 Choisir les unités

| Un doigt a environ 1 cm de largeur. | Un « pas de géant », c'est environ 1 m de longueur. | La poignée d'une porte est située à environ 1 m du plancher. | Tu peux marcher 1 km en environ 15 minutes. |

1. Trace une ligne pour relier l'objet à l'unité convenant le mieux pour le mesurer.

   a) longueur d'un scarabée   m   b) grandeur d'un adulte   m

      hauteur d'une porte   cm   distance de la lune   km

   c) hauteur d'un tonneau   km   d) largeur d'un livre   m

      largeur d'un océan   cm   longueur d'une rivière   km

      hauteur d'un tipi   m   hauteur d'une maison   cm

2. Ordonne les longueurs, de la plus petite à la plus grande. Écris « 1re » pour la plus courte, « 2e » pour celle du milieu et « 3e » pour la plus grande.

   a) longueur d'un scarabée ____   b) longueur d'une carotte ____

      distance parcourue par un avion ____   longueur d'un autobus ____

      longueur d'une classe ____   longueur d'un pont ____

3. Ordonne les longueurs, de la plus petite (1re) à la plus grande (3e). Écris l'unité de mesure qui convient le mieux à chaque longueur. Choisis entre centimètres, mètres et kilomètres.

   a)   b)

   __3e__   _____   _____   _____   _____   _____

   Unité _m_   Unité ____   Unité ____   Unité ____   Unité ____   Unité ____

4. Encercle l'unité de mesure qui convient le mieux à la longueur.

   a) longueur d'un avion   cm   m   km   b) hauteur d'un bâtiment   cm   m   km

   c) largeur d'une pièce   cm   m   km   d) hauteur de vol d'un   cm   m   km
      de monnaie   avion

   e) hauteur d'une tasse   cm   m   km   f) longueur d'un stylo   cm   m   km

   g) largeur d'une rame   cm   m   km   h) distance au pôle Nord   cm   m   km

RAPPEL ▶ I m = 100 cm

5. Change les mètres en centimètres.

   a) 5 m = __500__ cm   b) 3 m = _____ cm   c) 7 m = _____ cm

6. Change les mètres en centimètres. Encercle la mesure la plus grande.

   a) 3 m   5 cm   b) 5 m   45 cm   c) 780 cm   6 m

   = _____ cm   = _____ cm   = _____ cm

7. Change les mètres en centimètres. Ajoute les centimètres qui restent.

   a) 3 m 45 cm   b) 5 m 80 cm   c) I m 4 cm

   = __300__ cm + __45__ cm   = _____ cm + ____ cm   = _____ cm + ____ cm

   = __345__ cm   = _____ cm   = _____ cm

   d) 6 m 54 cm   e) 7 m 30 cm   f) 2 m 9 cm

   = _____ cm + ____ cm   = _____ cm + ____ cm   = _____ cm + ____ cm

   = _____ cm   = _____ cm   = _____ cm

8. Change les mesures mixtes en centimètres. Encercle la mesure la plus grande.

   a) 3 m 2 cm   5 cm   b) 6 m 5 cm   65 cm   c) 280 cm   2 m 90 cm

   = _____ cm   = _____ cm   = _____ cm

   BONUS ▶ Ordonne les longueurs de la question 8, de la plus petite
           à la plus grande.

   _____

9. Change toutes les mesures en centimètres. Indique les mesures
   sur la droite numérique.

   A. 50 cm   B. I m = _____   C. 2 m 50 cm = _____

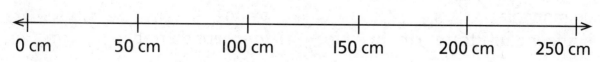

   0 cm   50 cm   100 cm   150 cm   200 cm   250 cm

10. Le tableau indique les longueurs de serpents dans un zoo.

    a) Change toutes les mesures en centimètres.

    b) Ordonne les serpents, du plus long au plus court.

    _____

    _____

    _____

    _____

Serpent	Longueur	Longueur (cm)
Serpent corail	73 cm	
Couleuvre fauve	1 m 23 cm	
Serpent à ventre jaune	2 m	
Serpent à sonnette	1 m 30 cm	

11. Encercle la longueur correcte de l'objet.

    a) longueur d'un lit

    195 cm ou 195 m

    b) longueur d'un autobus

    10 m ou 10 km

    c) longueur d'une brosse à dents

    16 cm ou 16 m

    d) longueur d'une entrée

    9 cm ou 9 m

    e) hauteur d'une école

    14 cm ou 14 m

    f) largeur d'une rue

    40 m ou 40 km

12. Inscris l'unité de mesure qui convient le mieux. Choisis entre cm, m et km.

    a) Les chutes Niagara à Niagara Falls (ON) sont aussi hautes qu'un bâtiment de 12 étages.

    Les chutes ont environ 57 _____ de hauteur.

    b) Un raton laveur peut atteindre 70 _____ de longueur.

    c) Un ours noir a environ 2 _____ de longueur.

    d) Une feuille d'érable a environ 16 _____ de largeur.

13. Mesurerais-tu la distance en mètres ou en kilomètres? Explique ton choix.

    a) entre ta classe et les bureaux de l'école

    b) entre ta maison et l'aéroport

    c) entre Ottawa (ON) et Edmonton (AB)

    d) le contour de la cour d'école

ME3-7 Mesurer le contour d'une forme – le périmètre

La distance autour d'une forme ou le contour est le **périmètre** de la forme.
Le périmètre de cette forme est de 6 cure-dents.

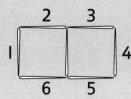

1. Compte le nombre de cure-dents nécessaire pour faire le contour de cette figure.

a)

Périmètre = ___8___ cure-dents

b)

Périmètre = ___10___ cure-dents

c)

Périmètre = ___5___ cure-dents

d)

Périmètre = ___8___ cure-dents

e)

Périmètre = ___5___ cure-dents

f)

Périmètre = ___6___ cure-dents

2. Trouve le périmètre.

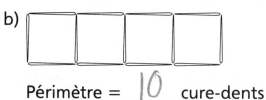

a) ___6___ unités

b) ___8___ unités

c) ___7___ unités

d) ___10___ unités

3. Additionne. Utilise les cases pour te souvenir de la somme.

a) 2 + 4 + 2 + 4 = ___6___

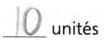

b) 3 + 3 + 1 + 1 + 2 + 2 = ___12___

4. Chaque petit carré a I cm de longueur et I cm de largeur. Trouve le périmètre de la figure.

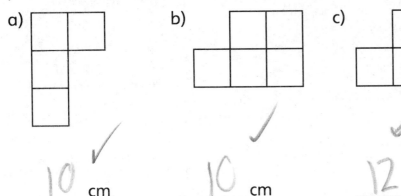
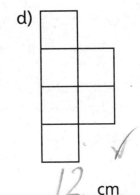

a) ___10___ cm b) ___10___ cm c) ___12___ cm d) ___12___ cm

5. La longueur de chaque côté de la figure est donnée. Additionne les longueurs pour trouver le périmètre.

a)
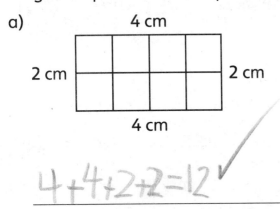

4+4+2+2=12 ✓

b)
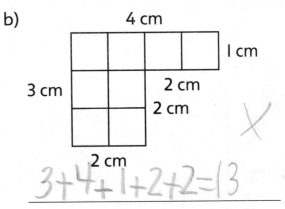

3+4+1+2+2=13 ✗

6. Trouve les périmètres des figures de la question 5 en comptant les centimètres sur le contour. As-tu obtenu les mêmes réponses qu'avant? _____

7. Chaque petit carré a I cm de longueur et I cm de largeur. Trouve la longueur de chaque côté de la figure. Puis écris une phrase d'addition pour le périmètre.

a)
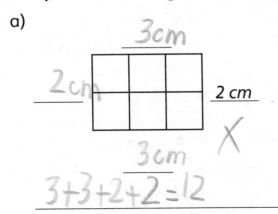

3+3+2+2=12

b)
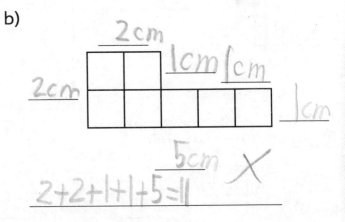

2+2+1+1+5=11

8. Chaque carré de la grille a I cm de longueur et I cm de largeur. Écris la longueur de chaque côté. Utilise les longueurs des côtés pour trouver le périmètre.

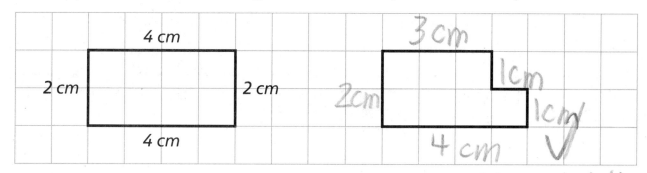

a) Périmètre = ___2 + 4 + 4 + 2___

   = ___12 cm___

b) Périmètre = ___3+2+1+1+4___

   = ___12cm___

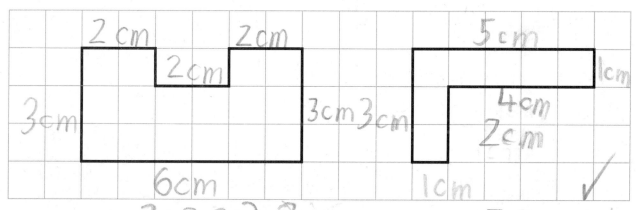

c) Périmètre = ___3+3+2+2+2___

   = ___12___

d) Périmètre = ___5+3+2+1+1___

   = ___16cm___

9. Écris une phrase d'addition pour le périmètre de la piscine. Trouve ensuite le périmètre.

a)

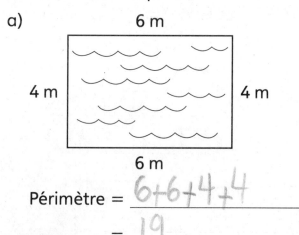

Périmètre = ___6+6+4+4___

   = ___19___

b)

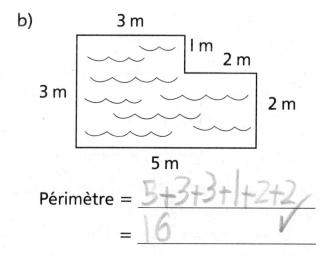

Périmètre = ___5+3+3+1+2+2___

   = ___16___

ME3-8 Explorer le périmètre

I. a) Estime les longueurs des côtés de la forme.

b) Additionne les longueurs pour estimer le périmètre de la forme.

c) Mesure les côtés au centimètre le plus proche. Trouve le périmètre.

Forme			
Périmètre estimé			
Périmètre mesuré			

2. a) Trouve le périmètre des parterres de fleurs.

A.

5 m
5 m   5 m
5 m

B.

2 m
2 m
3 m   2 m
       1 m
4 m

C.

4 m
4 m   4 m
4 m   4 m
4 m

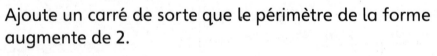

$5+5+5+5$ $3+2+2+2+1+4=14$ $4+4+4+4+4+4=24$

b) Ordonne les périmètres des parterres de fleurs, du plus grand au plus petit. _____

3. a) Périmètre de la forme que tu vois _____

Ajoute un carré de sorte que le périmètre de la forme augmente de 2.

Nouveau périmètre _____

b) Périmètre de la forme que tu vois _____

Ajoute un carré de sorte que le périmètre de la forme demeure le même.

Nouveau périmètre _____

4. a) Tous les côtés des triangles ont I unité de longueur. Écris le périmètre de chacune des figures de la régularité de forme.

_____   _____   _____   _____

b) Les périmètres forment une régularité numérique. Décris la régularité numérique.

_____

c) Continue la régularité numérique.

Quel est le périmètre de la 5e figure? _____

Quel est le périmètre de la 6e figure? _____

BONUS ▶ Dessine la 5e et la 6e figure de la régularité de forme. Vérifie tes réponses dans la partie c).

5e figure   6e figure

5. L'image montre deux façons de faire un rectangle avec 4 carrés.

a) Quel rectangle, A ou B, a le plus petit périmètre? Explique.

b) Y a-t-il d'autres façons de faire un rectangle avec 4 carrés? Montre ton travail.

c) Sur une feuille quadrillée, dessine deux formes différentes, rectangles ou non, dont le périmètre a 10 unités.

6. Sur une feuille quadrillée, dessine l'objet avec le périmètre donné.

a) un carré avec un périmètre de 8 unités

b) un carré avec un périmètre de 20 unités

c) deux rectangles différents, ayant chacun un périmètre de 12 unités

7. Ivan fait une affiche au moyen de 6 carrés dont les côtés ont I m.
Il dispose les carrés comme dans l'illustration.
Il place un ruban sur le contour de l'affiche.
De quelle longueur de ruban a-t-il besoin?

G3-1 Introduction aux données de classification

Les **données** sont des faits ou de l'information que tu peux utiliser pour calculer, répondre à des questions ou planifier. Ton âge, ton nom et la couleur de tes cheveux sont tous des éléments de données, aussi appelés **valeurs des données**.

Une **catégorie** est un groupe de valeurs de données qui partage un attribut, par exemple la couleur des yeux.

1. Les mammifères, les oiseaux et les poissons sont des catégories d'animaux.

chien	aigle	oie	poisson rouge

requin	ours	perroquet	chat

a) Souligne les mammifères.   b) Encercle les poissons.

c) Combien y a-t-il d'éléments dans chaque catégorie?

Mammifères _____   Oiseaux _____   Poissons _____

2. Compte les données dans chaque catégorie.

monnaie   papier   couteau   lait   cuir   laine   écorce de bouleau

Produits animaux _____   Produits forestiers _____   Métaux _____

3. a) Associe la donnée à la bonne catégorie.

A. carotte, céleri, champignon   Types de météo _____

B. pluie, neige, brouillard   Outils _____

C. matin, midi, soirée   Légumes _____

D. marteau, scie, clé   Périodes de la journée _____

b) Écris un autre élément de données pour chaque catégorie.

Types de météo _____   Outils _____

Légumes _____   Périodes de la journée _____

4. a) Écris la lettre de la chemise sur la bonne rangée du tableau.

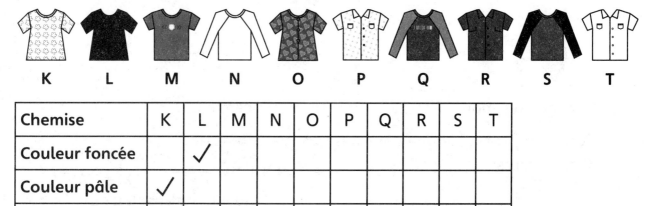

Catégorie	Chemises
Avec un motif	*A,*
Sans motif	*B,*

Combien de chemises ont un motif? _____

Combien de chemises n'ont pas de motif? _____

b) Utilise le tableau pour trier les chemises.

Chemise	K	L	M	N	O	P	Q	R	S	T
Couleur foncée		✓								
Couleur pâle	✓									
Avec un motif	✓									

Combien de chemises sont de couleur foncée et ont un motif? _____

c) Pense à d'autres façons de classer les chemises. Quelles catégories peux-tu utiliser?

_____

5. a) Trie les nombres. Barre le nombre au moment de l'écrire dans le tableau.

2, 67, 903, 4, 9, 10, 38, 123, 560, 35

Nombre à 1 chiffre	Nombre à 2 chiffres	Nombre à 3 chiffres

b) Un nombre peut-il appartenir à deux catégories de la partie a)? Explique.

G3-2 Les diagrammes de Venn

Tu peux utiliser des ovales pour classer des objets selon leurs propriétés ou leurs attributs. Les objets à l'intérieur de l'ovale possèdent la propriété. Les objets à l'extérieur de l'ovale ne possèdent pas la propriété.

Utilise ces formes pour les questions 1 et 2.

   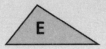

1. Écris la lettre de la forme à l'intérieur ou à l'extérieur de l'ovale.

   a)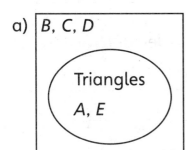

   b)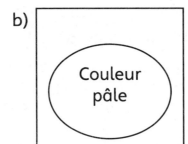

   c)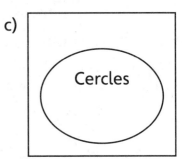

Un **diagramme de Venn** comporte des ovales qui se chevauchent. Chaque ovale est une catégorie. Une donnée peut faire partie de plus d'une catégorie.

2. Colorie la région, puis écris les lettres appropriées dans cette région.

   a) intérieur des deux ovales

   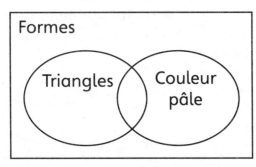

   b) extérieur des deux ovales

   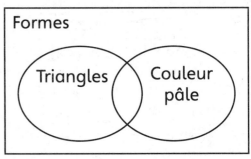

   c) couleur pâle, mais non triangulaire

   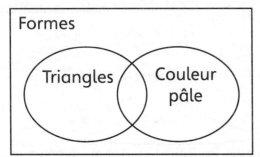

   d) triangle, mais non de couleur pâle

   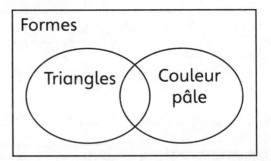

3. Utilise les formes pour remplir le diagramme de Venn.

 A   B  C D E

a)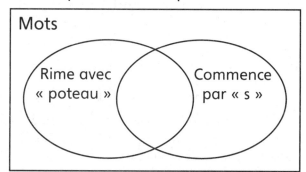

Formes

Triangles   Couleur pâle

b)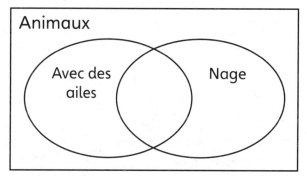

Formes

Cercles   Couleur pâle

4. Remplis le diagramme de Venn. Certaines parties peuvent demeurer vides.

a) riz, chapeau, ski, sirop

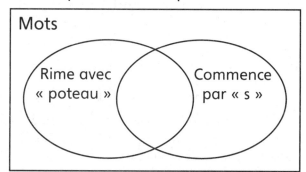

Mots

Rime avec « poteau »   Commence par « s »

b) chien, poisson, merle, canard

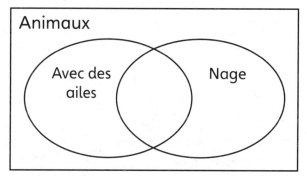

Animaux

Avec des ailes   Nage

c) rat, pluie, pot, sable

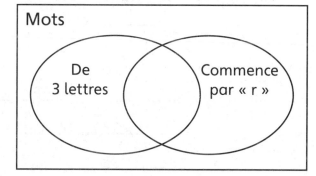

Mots

De 3 lettres   Commence par « r »

d) Alberta, Canada, France, Ottawa
Utilise la première lettre de chaque endroit pour remplir le diagramme.

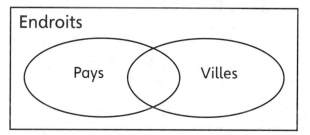

Endroits

Pays   Villes

e) chat, chien, poisson, gerbille, lézard, serpent, tortue

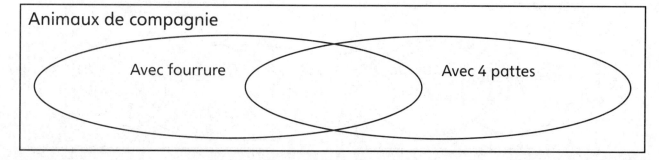

Animaux de compagnie

Avec fourrure   Avec 4 pattes

5. a) Écris la lettre de l'endroit dans la bonne partie du diagramme de Venn.

A. Canada   **B.** Ontario   **C.** Vancouver   **D.** Nouvelle-Écosse   **E.** É.U.

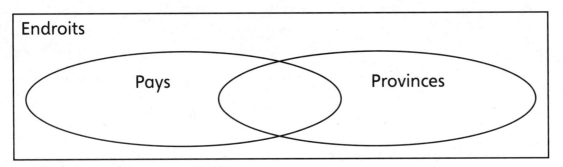

Endroits

Pays   Provinces

b) Une partie du diagramme de Venn est vide. Explique ce que cela signifie.

_____

_____

6. a) Remplis le tableau au moyen des formes ci-dessous.

 U V W X Y Z

Forme	Côtés droits uniquement	Côtés courbés uniquement	Côtés droits et courbés
U	✓		
V			
W			
X			
Y			
Z			

b) Utilise le tableau pour remplir le diagramme de Venn.

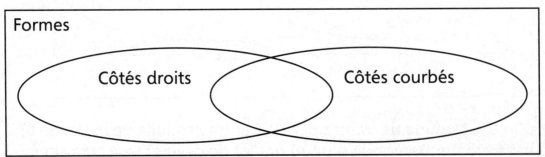

Formes

Côtés droits   Côtés courbés

7. Alex a trié les formes, mais il a oublié d'étiqueter la catégorie.
Écris une étiquette pour la catégorie.

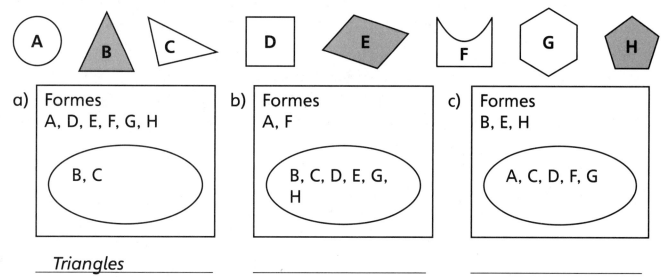

a) | Formes
A, D, E, F, G, H

B, C

b) | Formes
A, F

B, C, D, E, G, H

c) | Formes
B, E, H

A, C, D, F, G

Triangles _____ _____

8. a) Écris la première lettre du fruit ou du légume dans la bonne partie du diagramme de Venn.

Pomme   Mangue   Brocoli   Lime
Champignon   Haricot   Framboise   Épinard

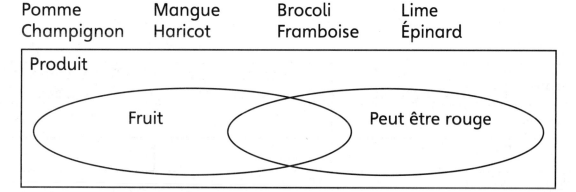

b) Émilie a trié différemment les produits, mais elle a oublié d'étiqueter les catégories. Écris une étiquette pour chaque catégorie.

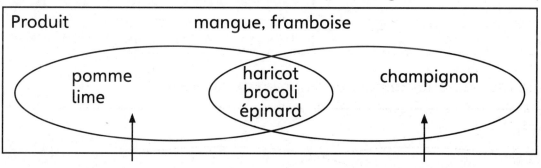

_____ _____

c) Dessine un diagramme de Venn pour classer les produits de la partie b) d'une manière différente. Demande à un(e) ami(e) de deviner tes catégories.

G3-3 Les côtés et les sommets des formes

Les triangles et les carrés sont des formes plates. Les formes plates ont des **côtés** et des **sommets**. Un **sommet** est l'endroit où deux côtés se rencontrent.

I. Dessine un ✓ sur chaque côté. Écris le nombre de côtés.

a)

_____ côtés

b)

_____ côtés

c)

_____ côtés

d)

_____ côtés

e)

_____ côtés

f)

_____ côtés

2. Encercle chaque sommet. Écris le nombre de sommets.

a)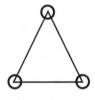

_____ sommets

b)

_____ sommets

c)

_____ sommets

d)

_____ sommets

e)

_____ sommets

f)

_____ sommets

3. Écris le nombre de côtés et de sommets.

a)

_____ côtés

_____ sommets

b)

_____ côtés

_____ sommets

c)

_____ côtés

_____ sommets

Un **polygone** est une forme fermée comportant uniquement des côtés droits.

Polygones	Pas des polygones

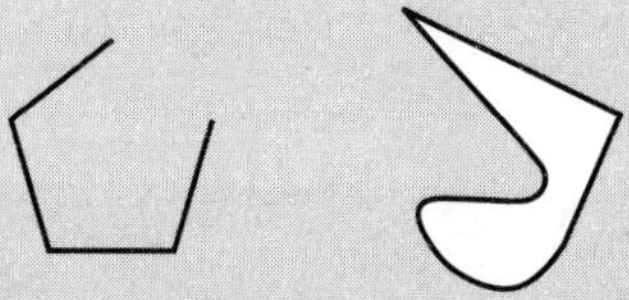

4. Cette forme est-elle un polygone? Indice : Regarde les exemples plus haut.

a)

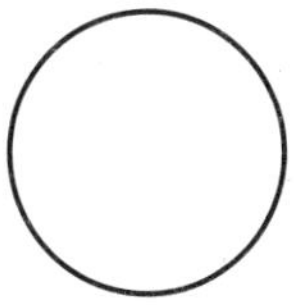

non

b)

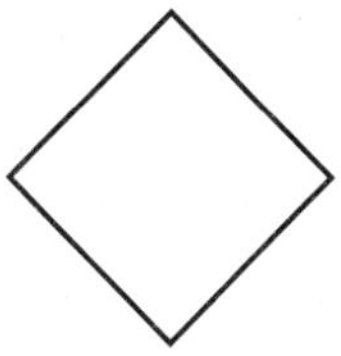

oui

c)

_____

d)

_____

e)

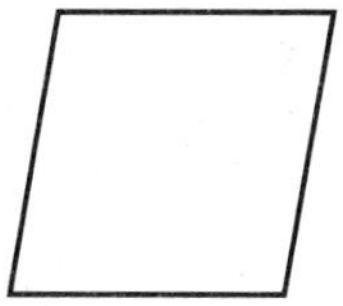

_____

f)

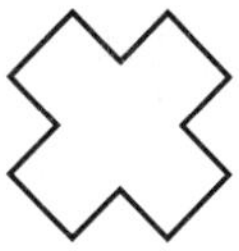

_____

g)

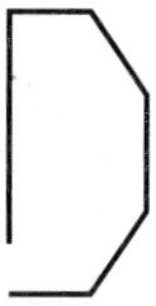

_____

h)

_____

5. a) Utilise une règle. Dessine un polygone avec le nombre indiqué de côtés et de sommets.

   A. 3 côtés   **B.** 5 côtés   **C.** 4 sommets   **D.** 8 sommets

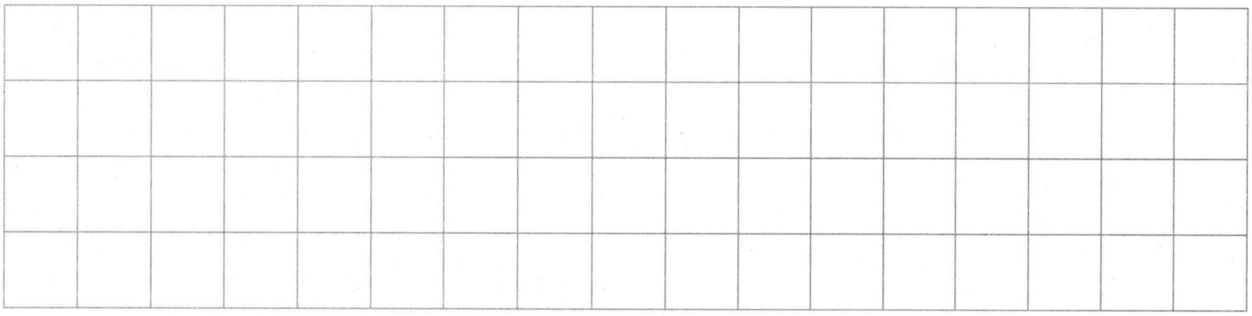

   b) Compte les sommets et les côtés du polygone que tu as dessiné.

   A. _____ sommets **B.** _____ sommets **C.** _____ côtés   **D.** _____ côtés

   c) Que remarques-tu concernant le nombre de côtés et de sommets des polygones?

   _____

   BONUS ▶ Peux-tu dessiner un polygone dont le nombre de côtés ne serait pas identique au nombre de sommets? _____

Les polygones sont nommés en fonction du nombre de côtés qu'ils comportent.

Triangles – 3 côtés　　**Quadrilatères** – 4 côtés　　**Pentagones** – 5 côtés

Hexagones – 6 côtés　　**Heptagones** – 7 côtés　　**Octogones** – 8 côtés

6. a) Combien de côtés a un panneau d'arrêt? _____

　　b) Cette forme est-elle un polygone? _____

　　c) Comment s'appelle-t-elle? _____

7. a) Remplis le tableau en utilisant les formes à droite.

Type de polygone	Forme
Triangle	A, F
Quadrilatère	
Pentagone	
Hexagone	
Heptagone	
Octogone	
Pas un polygone	

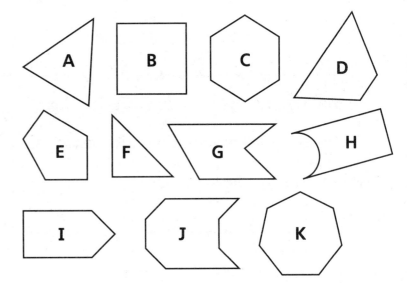

　　b) Remplis le diagramme de Venn.

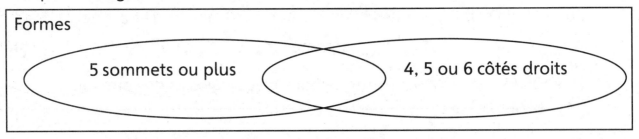

8. a) Dessine une forme avec 4 côtés qui n'est pas un polygone.

　　b) Ta forme est-elle un quadrilatère? Explique.

G3-4 Trier les polygones

RAPPEL ▶ Les polygones sont nommés en fonction du nombre de côtés qu'ils ont.

Type de polygone	Triangle	Quadrilatère	Pentagone	Hexagone	Octogone
Nombre de côtés	3	4	5	6	8

I. a) Remplis le tableau avec les lettres des polygones.

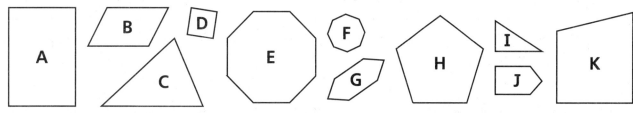

Type de polygone	Triangle	Quadrilatère	Pentagone	Hexagone	Octogone
Forme					

Taille du polygone	Grand	Petit
Forme		

b) Quelles formes sont de petits triangles? _____

Quelles formes sont de petits pentagones? _____

c) Remplis les diagrammes de Venn.

Diagramme A

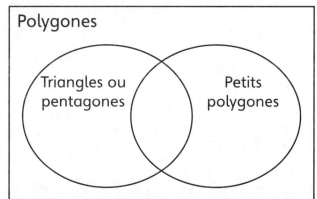

Diagramme B

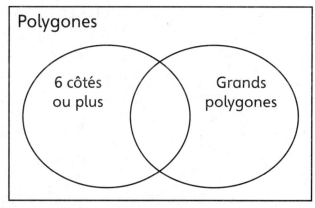

d) Dans le diagramme A, où se trouve le petit polygone avec 5 sommets? Colorie cette partie.

e) Dans le diagramme B, où se trouve le petit octogone? Colorie cette partie.

2. a) Trie les polygones en utilisant le tableau.

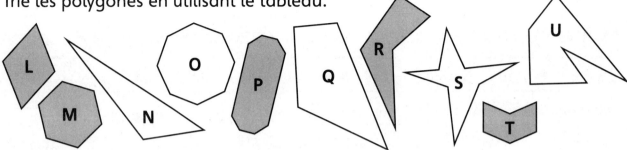

Type de polygone	Triangle	Quadrilatère	Pentagone	Hexagone	Octogone
Forme					

b) Remplis les diagrammes de Venn.

Diagramme A

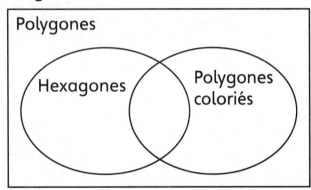

Diagramme B

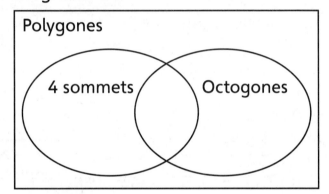

c) Une partie du diagramme B est vide. Explique pourquoi.

_____

_____

d) Ava trie les polygones. Écris une étiquette pour chaque catégorie.

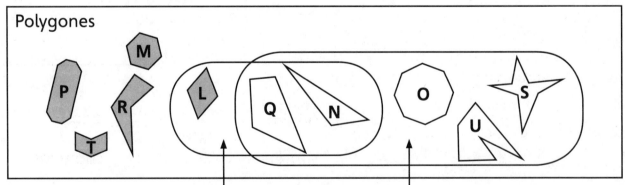

_____   _____

e) Choisis 2 catégories et crée ton propre diagramme de Venn.
Remplis ton diagramme de Venn.

Géométrie 3-4

G3-5 Introduction aux angles

> Dans une forme plate, un **angle** est l'espace entre deux côtés droits qui se rencontrent à un sommet.
>
> Tu peux montrer les angles dans une forme en les coloriant.

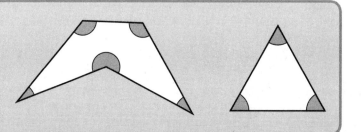

1. Colorie tous les angles de la forme. Écris le nombre d'angles à l'intérieur de la forme.

a)

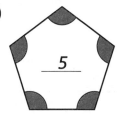
_5_

b)

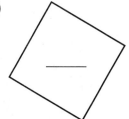
____

c)

____

d)

____

e)

____

f)

____

g)

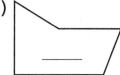
____

h)

____

i)

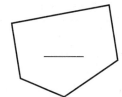
____

2. Compte les angles à l'intérieur de la forme. Puis compte les sommets.

a)

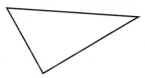

_____ angles

_____ sommets

b)

_____ angles

_____ sommets

c)

_____ angles

_____ sommets

3. Clara affirme que les polygones ont le même nombre d'angles que de sommets.

A-t-elle raison? _____

Un angle est un **angle droit** si un coin droit y correspond exactement.

ne correspond
pas exactement

pas un
angle droit

correspond
exactment

un angle
droit

4. Utilise un coin droit pour trouver les angles droits. Encercle les angles droits.

A.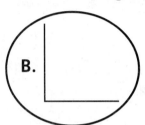

B.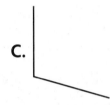

C.

D.

E.

F.

G.

H.

I.

J.

K.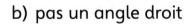

L.

5. Utilise une règle pour dessiner l'angle indiqué.

a) un angle droit

b) pas un angle droit

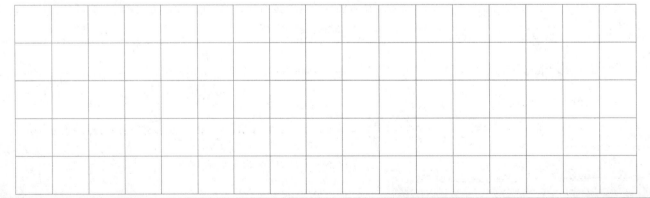

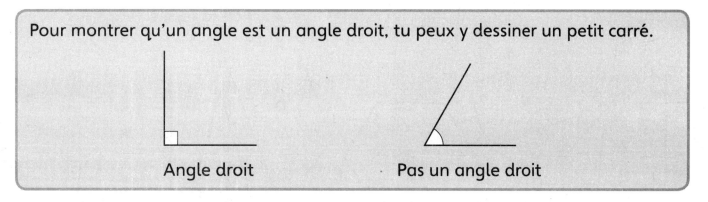

Pour montrer qu'un angle est un angle droit, tu peux y dessiner un petit carré.

Angle droit   Pas un angle droit

6. Marque chaque angle droit au moyen d'un petit carré. Écris le nombre d'angles droits à l'intérieur de la forme.

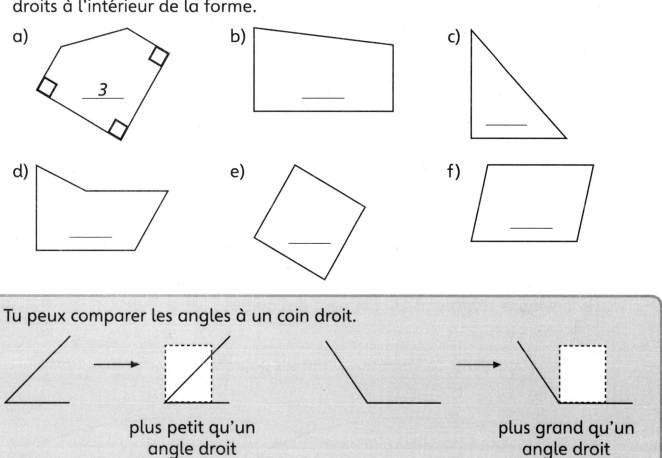

a)   _3_

b)

c)

d)

e)

f)

Tu peux comparer les angles à un coin droit.

plus petit qu'un angle droit

plus grand qu'un angle droit

7. Encercle les angles qui sont plus petits qu'un angle droit. Écris « G » sur les angles qui sont plus grands qu'un angle droit.

8. Utilise un coin droit pour vérifier les angles intérieurs de la forme.

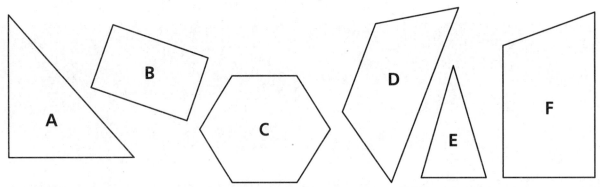

a) Marque tous les angles droits au moyen d'un petit carré.

b) Écris « P » dans tous les angles plus petits qu'un angle droit.

c) Écris « G » dans tous les angles plus grands qu'un angle droit.

d) Utilise le tableau pour trier les polygones.

Comporte au moins 1 angle plus petit qu'un angle droit	A
Comporte au moins 1 angle droit	A
Comporte au moins 1 angle plus grand qu'un angle droit	

e) Quel polygone comprend uniquement des angles plus petits qu'un angle droit? _____

Quel polygone comprend uniquement des angles plus grands qu'un angle droit? _____

f) Utilise le diagramme de Venn pour trier les polygones.

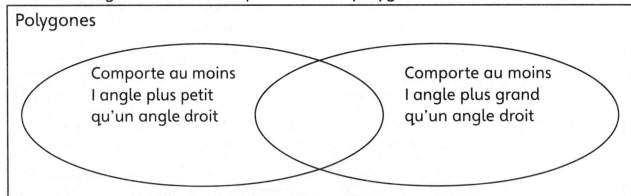

⌇ **BONUS ▶** Dessine un polygone comportant les angles indiqués.

a) tous des angles droits

b) tous plus petits que des angles droits

c) tous plus grands que des angles droits

> Tu peux mesurer les côtés d'une forme pour savoir si elle comporte des côtés d'égale longueur.
>
> 4 cm
>
> 2 cm | A | 2 cm
>
> 4 cm
>
> 3 cm
>
> 3 cm | B | 3 cm
>
> 3 cm
>
> Tous les côtés ne sont pas d'égale longueur.
>
> Tous les côtés sont de la même longueur.

I. Utilise une règle pour mesurer les côtés en centimètres. Les côtés ont-ils tous la même longueur ou non? Écris « égaux » ou « non égaux ».

a)

_____ cm   _____ cm

_____ cm

égaux _____

b)

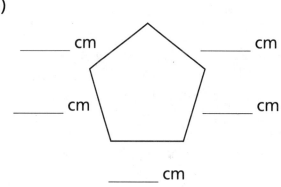

_____ cm   _____ cm

_____ cm   _____ cm

_____ cm

_____

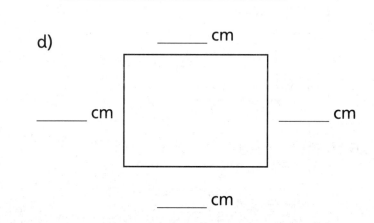

c)

_____ cm

_____ cm   _____ cm

_____ cm

_____

d)

_____ cm

_____ cm   _____ cm

_____ cm

_____

Dessine des **traits** sur les côtés des formes pour indiquer les côtés qui sont égaux. Les côtés qui ont le même nombre de traits sont égaux.

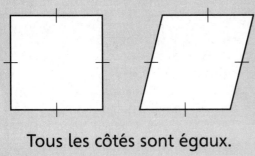

Tous les côtés sont égaux.

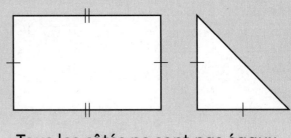

Tous les côtés ne sont pas égaux.

2. Dessine des traits pour indiquer les côtés qui sont égaux.

a)

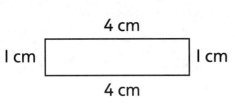

b)

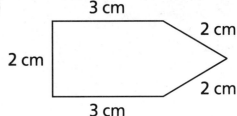

3. a) Mesure les côtés de chaque forme en centimètres. Dessine des traits pour indiquer les côtés qui sont égaux.

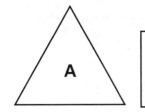 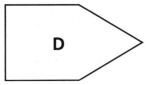

b) Remplis le tableau pour les formes de la partie a).

Tous les côtés sont égaux	
Tous les côtés ne sont pas égaux	

4. Dessine une forme avec le nombre indiqué de côtés. Chaque forme ne doit pas avoir tous les côtés égaux.

a) 3 côtés

b) 4 côtés

BONUS ▶ Dessine une forme avec quatre côtés égaux, mais qui n'est pas un carré.

5.

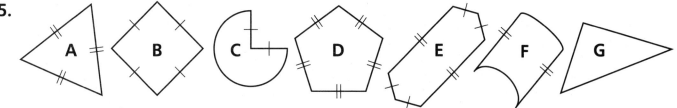

a) Quelles formes sont des polygones? Indice : Un polygone est une

forme fermée avec des côtés droits. _____

b) Quelles formes comportent des côtés tous égaux? _____

Tu peux décrire les formes par leurs noms et selon que **tous les côtés sont égaux ou non**.

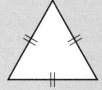

Triangle dont tous les
côtés sont égaux

Quadrilatère dont tous les
côtés ne sont pas égaux

---

6. Le polygone a-t-il des côtés tous égaux ou non? Écris le nom du polygone.

a)

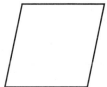

Côtés tous égaux

Quadrilatère

b)

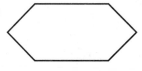

_____

_____

c)

_____

_____

d)

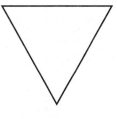

_____

_____

e)

_____

_____

f)

_____

_____

G3-7 Les quadrilatères

1. Compte le nombre de côtés de chaque forme. Écris ensuite la lettre de chaque forme à l'endroit où elle va dans le tableau.

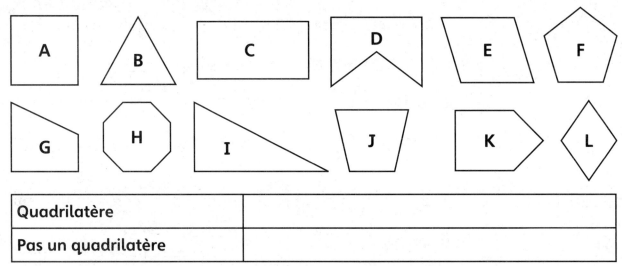

Quadrilatère	
Pas un quadrilatère	

RAPPEL ▶ Les côtés d'une forme qui ont le même nombre de traits sont égaux. Les angles marqués d'un petit carré sont des angles droits.

2.

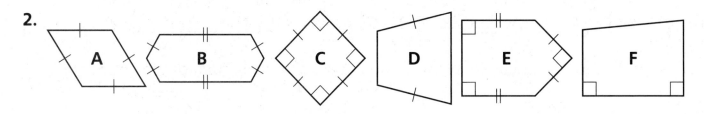

a) Quelles formes sont des quadrilatères? _____

b) Quelles formes comportent des côtés tous égaux? _____

c) Quelles formes ont des angles droits? _____

d) Remplis le diagramme de Venn.

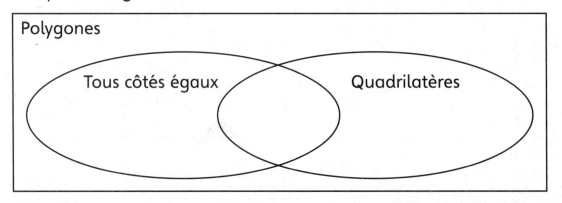

Un **rectangle** a :
• 4 côtés
• 4 angles droits

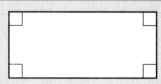

Voici une autre façon de le dire :
Les rectangles sont des quadrilatères avec 4 angles droits.

3. Écris ✓ lorsque c'est vrai. Cette forme est-elle un rectangle?

a)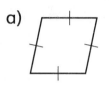

☑ Quadrilatère

☐ 4 angles droits

Rectangle? _*non*_

b)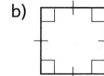

☐ Quadrilatère

☐ 4 angles droits

Rectangle? _____

c)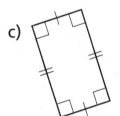

☐ Quadrilatère

☐ 4 angles droits

Rectangle? _____

d)

☐ Quadrilatère

☐ 4 angles droits

Rectangle? _____

4. a) Quelle forme de la question 3 est un carré? _____

b) Un carré est-il un rectangle? _____

5. Remplis le tableau.

		Quadrilatère? 4 côtés	Rectangle? 4 côtés 4 angles droits	Carré? 4 côtés 4 angles droits Tous côtés égaux
a)		oui	oui	non
b)				
c)				

6. Écris ✓ si la forme est un rectangle. Écris ✗ si la forme n'est pas un rectangle.

a) 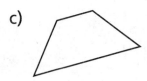   b)   c)   d)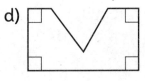

| ☐ Rectangle | ☐ Rectangle | ☐ Rectangle | ☐ Rectangle |

7. Utilise une règle pour dessiner le quadrilatère.

a) un rectangle qui n'est pas un carré   b) pas un rectangle

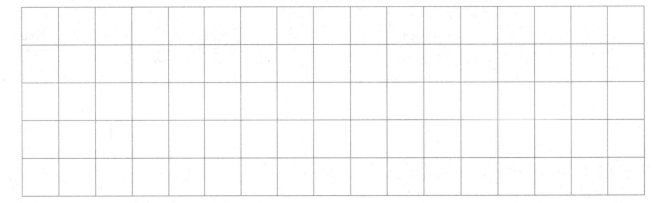

8. Remplis le diagramme de Venn.

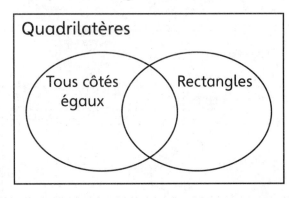

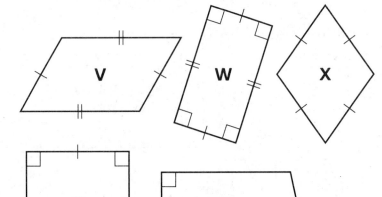

9. Les carrés sont-ils tous des rectangles? Explique comment tu le sais.

G3-8 D'autres quadrilatères

<table>
<tr><td>Un **losange** a :
• 4 côtés
• Tous côtés égaux</td><td></td><td>Voici une autre façon de le dire :
Les losanges sont des quadrilatères
dont tous les côtés sont égaux.</td></tr>
</table>

I. Écris ✓ lorsque c'est vrai. Cette forme est-elle un losange?

a) [✓] Quadrilatère

[✓] Tous côtés égaux

Losange? _oui_

b) [ ] Quadrilatère

[ ] Tous côtés égaux

Losange? _____

c) [ ] Quadrilatère

[ ] Tous côtés égaux

Losange? _____

d) [ ] Quadrilatère

[ ] Tous côtés égaux

Losange? _____

2. a) Quelle forme de la question I est un carré? _____

b) Un carré est-il un losange? _____

3. Remplis le tableau.

	Quadrilatère? 4 côtés	Losange? 4 côtés Tous côtés égaux	Carré? 4 côtés 4 angles droits Tous côtés égaux
a) 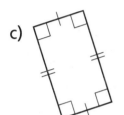	oui	non	non
b)			
c) 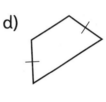			

4. Les carrés sont-ils tous des losanges? Explique comment tu le sais.

5. Remplis le tableau.

		Rectangle? 4 côtés 4 angles droits	**Losange?** 4 côtés Tous côtés égaux	**Carré?** 4 côtés 4 angles droits Tous côtés égaux
a)				
b)				
c)				
d)				
e)				

BONUS ▶ Écris tous les noms qui décrivent la forme.

a)

b)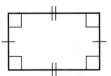

c)

_____

_____

_____

_____

_____

_____

_____

_____

_____

6. Utilise une règle pour dessiner un quadrilatère comportant les angles ou les côtés indiqués.

a) un seul angle droit

b) 2 angles plus grands qu'un angle droit

c) pas de côtés égaux

d) seulement 2 côtés égaux

7. Utilise une règle pour dessiner un rectangle comportant les côtés indiqués.

a) 2 côtés courts et 2 côtés longs

b) tous côtés égaux

BONUS ▶ Bo a dessiné deux quadrilatères.

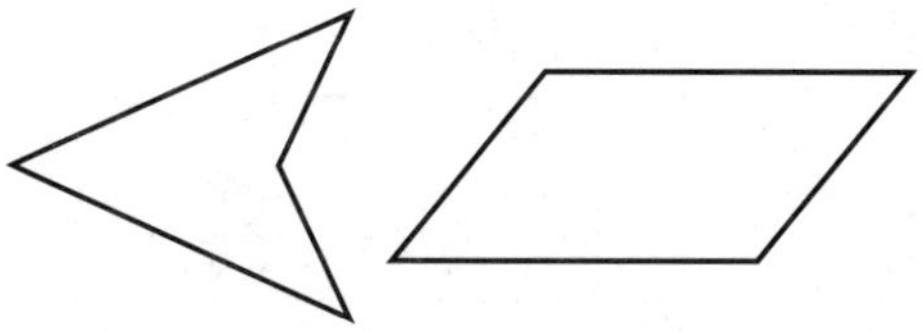

Ils ont 2 longs côtés égaux, 2 courts côtés égaux, mais ce ne sont pas des rectangles.

Dessine une autre forme comme celles-ci sur la grille.

Les **côtés parallèles** se comparent aux rails d'un chemin de fer; ils vont dans la même direction et sont toujours éloignés de la même distance.

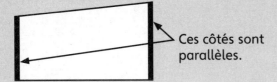 Ces côtés sont parallèles.

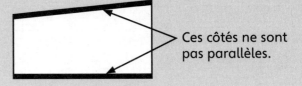 Ces côtés ne sont pas parallèles.

1. Les côtés plus épais sont-ils parallèles?

a)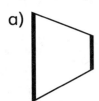

b)

c)

d)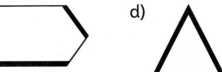

oui

e)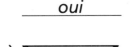

f)

g)

h)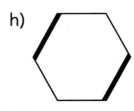

2. L'image montre 2 côtés parallèles. Relie les points pour former un quadrilatère.

a)

b)

c)

d)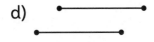

e)

f)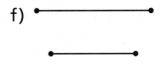

g)

h)

i)

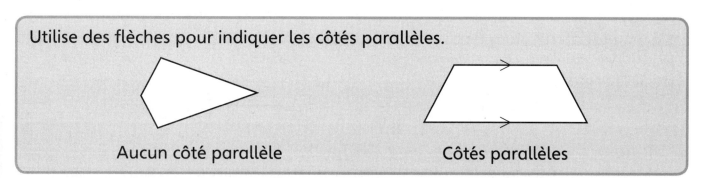

Utilise des flèches pour indiquer les côtés parallèles.

Aucun côté parallèle

Côtés parallèles

3. Indique les côtés parallèles avec des flèches.

a)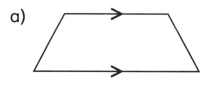

b)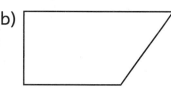

c)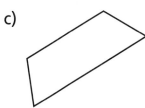

d)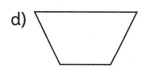

e)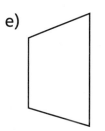

f)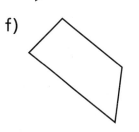

g)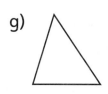

h)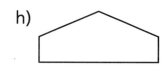

i)

4. Dessine un quadrilatère avec les côtés indiqués.

a) 1 paire de côtés parallèles

b) aucun côté parallèle

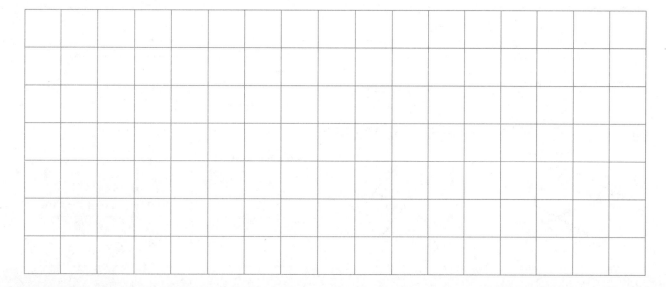

S'il y a plus d'une paire de côtés parallèles, utilise un nombre différent de flèches pour chaque paire.

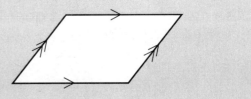

5. a) Indique les côtés parallèles avec des flèches. Écris combien de paires de côtés sont parallèles.

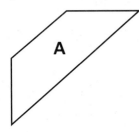

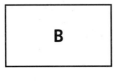

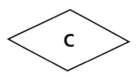

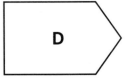

_____   _____   _____   _____

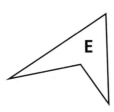

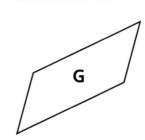

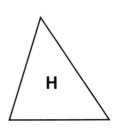

_____   _____   _____   _____

b) Remplis le tableau pour les formes de la partie a).

Aucun côté parallèle	
1 paire de côtés parallèles	
2 paires de côtés parallèles	

Les côtés parallèles doivent être droits.

6. Les côtés plus épais sont-ils parallèles?

a)

b)

c)

d)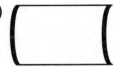

_____   _____   _____   _____

G3-10 Les quadrilatères spéciaux

> Un **parallélogramme** est un quadrilatère avec 2 paires de côtés parallèles.
>
> Un **trapèze** est un quadrilatère avec 1 paire de côtés parallèles.

1. Écris ✓ devant le nom qui correspond à la forme.

a)

b)

c)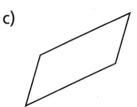

| ☐ Trapèze | ☐ Trapèze | ☐ Trapèze |
| ☐ Parallélogramme | ☐ Parallélogramme | ☐ Parallélogramme |

2. Indique les côtés parallèles avec des flèches. Désigne les formes comme « trapèze », « parallélogramme » ou « ni l'un, ni l'autre ».

a)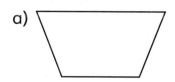

b)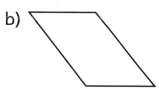

c)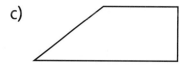

_____ _____ _____

d)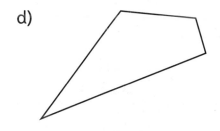

e)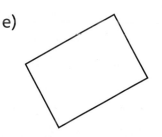

f)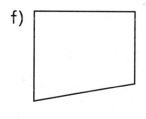

_____ _____ _____

g)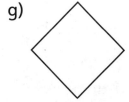

h)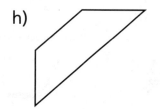

i)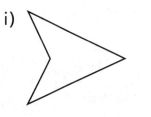

_____ _____ _____

3. Le nom correspond-il à la forme? Écris ✓ ou ✗.

a)

☒ Rectangle

✓ Parallélogramme

b)

☐ Rectangle

☐ Parallélogramme

c)

☐ Rectangle

☐ Parallélogramme

d)

☐ Rectangle

☐ Parallélogramme

e)

☐ Rectangle

☐ Parallélogramme

f)

☐ Rectangle

☐ Parallélogramme

4. Le nom correspond-il à la forme? Écris ✓ ou ✗.

a)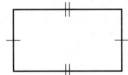

☒ Losange

✓ Parallélogramme

b)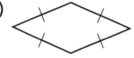

☐ Losange

☐ Parallélogramme

c)

☐ Losange

☐ Parallélogramme

d)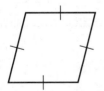

☐ Losange

☐ Parallélogramme

e)

☐ Losange

☐ Parallélogramme

f)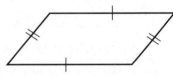

☐ Losange

☐ Parallélogramme

Géométrie 3-10

G3-11 Comparer les quadrilatères spéciaux

1. Compare les deux formes en remplissant le tableau.

a)

	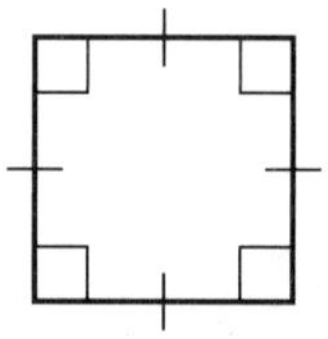	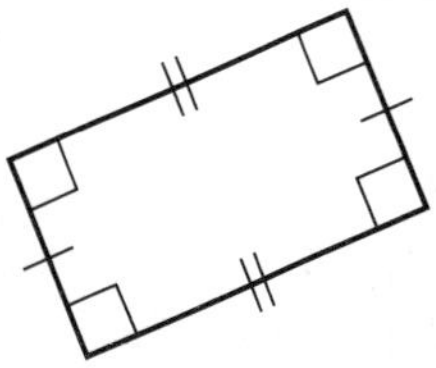	Identique?
Nombre de côtés	4	4	*oui*
Nombre d'angles droits	4	4	
Nombre de paires de côtés parallèles	2	2	
Tous les côtés sont-ils égaux?	*oui*	*non*	

b)

	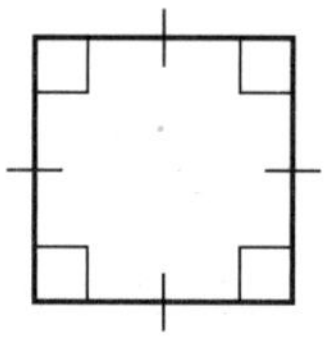	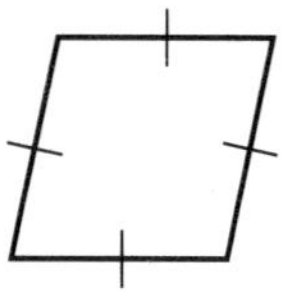	Identique?
Nombre de côtés			
Nombre d'angles droits			
Nombre de paires de côtés parallèles			
Nombre d'angles plus grands qu'un angle droit			
Tous les côtés sont-ils égaux?			

c)

	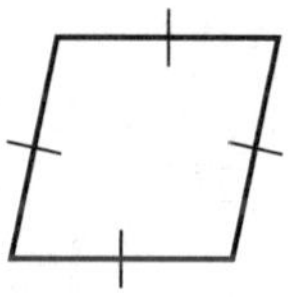	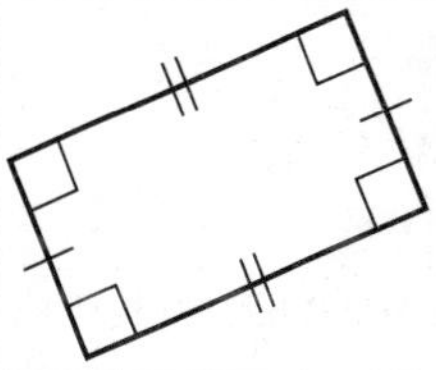	Identique?
Nombre de côtés			
Nombre d'angles droits			
Nombre de paires de côtés parallèles			
Nombre d'angles plus petits qu'un angle droit			
Tous les côtés sont-ils égaux?			

2. Compare les deux formes en remplissant le tableau.

a)

			Identique?
Nombre de côtés			
Nombre de sommets			
Nombre d'angles droits			
Nombre de paires de côtés parallèles			
Tous les côtés sont-ils égaux?			

b)

			Identique?
Nombre de côtés			
Nombre de sommets			
Nombre d'angles droits			
Nombre de paires de côtés parallèles			
Nombre d'angles plus grands qu'un angle droit			
Nombre d'angles plus petits qu'un angle droit			
Tous les côtés sont-ils égaux?			

3. Les formes de la question I ont le même nombre de côtés.

Ont-elles le même nombre de sommets? _____

BONUS ▸ Crée un tableau pour comparer les deux formes.

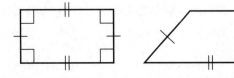

G3-12 Les polygones (notions avancées)

1. a) Remplis le tableau au moyen des formes ci-dessous.
   Écris « oui » ou « non » dans chaque colonne.

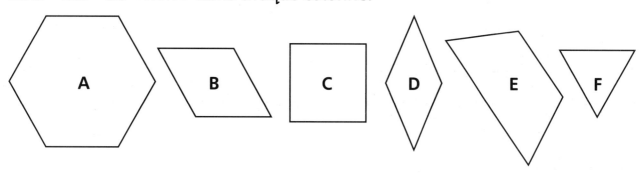

Forme	Quadrilatère	Tous les côtés égaux	A des angles droits	A exactement 2 paires de côtés parallèles
A				
B				
C				
D				
E				
F				

b) Quelles sont les 3 formes de la partie a) qui sont des losanges? _____

c) Quel quadrilatère n'est pas un parallélogramme? _____

2. Utilise les blocs géométriques pour créer une forme qui correspond à la description. Dessine une image illustrant les blocs utilisés pour créer ta forme.

a) Utilise un certain type de losange pour faire un hexagone.

b) Utilise 2 différents types de blocs ensemble pour faire un trapèze.

c) Utilise un trapèze et un autre type de bloc pour faire un parallélogramme.

d) Utilise 2 blocs pour faire un losange.

BONUS ▶ Utilise un hexagone et certains autres blocs pour faire un quadrilatère.

3. Décris en quoi les formes sont identiques et en quoi elles sont différentes. Tu devrais inclure :

- le nombre de côtés et le nombre de sommets

- le nombre d'angles droits, les angles plus grands qu'un angle droit et les angles plus petits qu'un angle droit

- le nombre de paires de côtés parallèles

- si tous les côtés sont égaux

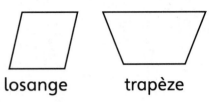

losange   trapèze

4. Décris la forme. Tu devrais inclure :

- le nombre de côtés et le nombre de sommets

- le nombre de paires de côtés parallèles

- si tous les côtés sont égaux

- le nombre d'angles droits, les angles plus grands qu'un angle droit et les angles plus petits qu'un angle droit

- le meilleur nom possible pour cette forme

a)   b)    c)

5. Nomme le polygone en fonction de la description.

a) J'ai 4 côtés égaux. Tous mes angles sont droits.

b) J'ai 5 côtés et 5 sommets.

c) Je suis un quadrilatère avec I paire de côtés parallèles.

d) Je suis un quadrilatère avec 4 côtés égaux. Je n'ai pas d'angle droit.

e) J'ai 6 côtés et 6 sommets.

f) Je suis un quadrilatère. J'ai 2 côtés courts égaux et 2 côtés longs égaux. Je n'ai pas d'angle droit.

6. a) Quel bloc géométrique a le plus grand angle?

b) Quel bloc géométrique a le plus petit angle?

c) Quels blocs géométriques ont tous des angles de la même taille?

G3-I3 Les formes congruentes

Karen place des formes les unes sur les autres. Elle tente de faire en sorte que les formes correspondent. Lorsque les formes sont exactement l'image l'une de l'autre, on dit qu'elles sont **congruentes**.
Les formes congruentes ont la même taille et la même forme.

Formes congruentes   Formes non congruentes

I. Les formes sont-elles congruentes? Écris « oui » ou « non ».

a) 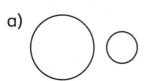   b)    c) 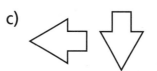   d)

___non___   _____   _____   _____

e) 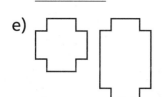   f) 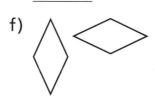   g) 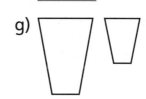   h)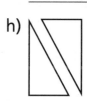

_____   _____   _____   _____

2. Trouve les 2 formes congruentes. Encercle-les.

a)    b)

c) 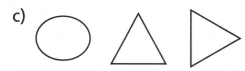   d)

3. Encercle les 2 formes congruentes.

a) 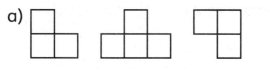   b)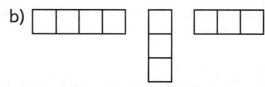

c) 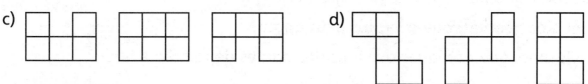   d)

> Les formes congruentes ont la même taille et la même forme. Elles peuvent avoir des couleurs, des motifs ou des directions différentes.

4. Dessine ✗ sur la forme qui n'est pas congruente avec les deux autres.

a)

b)

c)

d)

5. Trouve la forme coloriée qui est congruente avec la forme pâle. Inscris la lettre de la forme coloriée.

A.   B.   C.   D.   E.   F.

a)   b)   c)   d)   e) 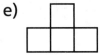 f)

_____ _____ _____ _____ _____ _____

6. Encercle les 2 formes qui sont congruentes.

a)

b)

c)

BONUS ▶

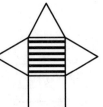 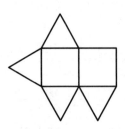 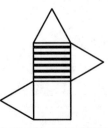

7. Dessine une forme congruente avec la forme coloriée.

a)

b)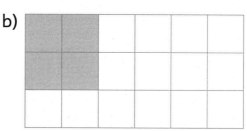

8. Dessine un quadrilatère spécial du type indiqué qui n'est pas congruent avec la forme coloriée.

a) Un carré

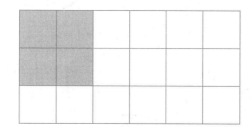

b) Un trapèze

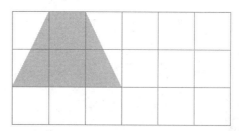

9. Colorie les formes congruentes de la même couleur. Tu auras besoin de 4 couleurs différentes.

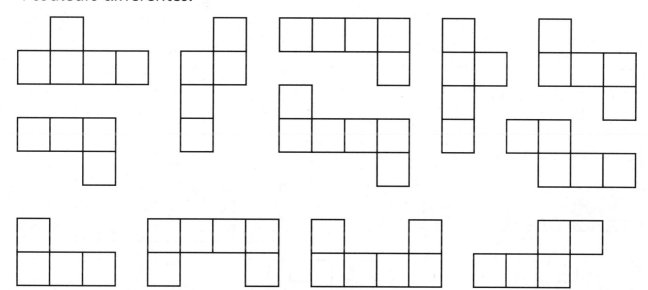

10. Dessine 2 triangles qui ne sont pas congruents.

11. Les formes sont-elles congruentes? Explique.

a)

b)

G3-I4 La symétrie

1. Luc dessine un trait pour couper la forme en 2 parties. Les parties de la forme sont-elles congruentes?

a)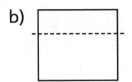

b)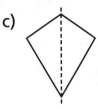

c)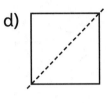

d)

____oui____   _____   _____   _____

Lorsque tu peux plier une forme en deux de sorte que les parties correspondent exactement, le pli est appelé la **ligne de symétrie**.

Les parties correspondent exactement.

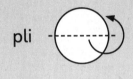

pli

ligne de symétrie

Les parties ne correspondent pas.

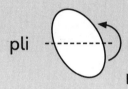

pli

pas une ligne de symétrie

2. La ligne pointillée est-elle une ligne de symétrie?

a)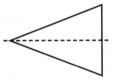

b)

c)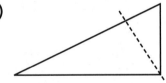

____oui____   _____   _____

d)

e)

f)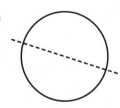

_____   _____   _____

g)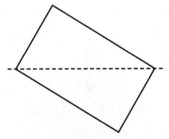

h)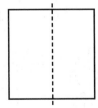

i)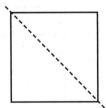

_____   _____   _____

3. Utilise une règle. Trace 1 ligne de symétrie.

a)

b)

c)

d)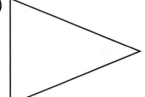

e)

f)

g)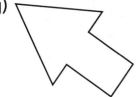

h)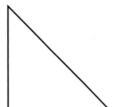

i)

j)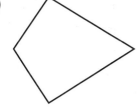

k)

l)

4. Trace 2 lignes de symétrie.

a)

b)

c)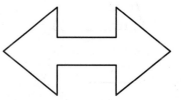

BONUS ▶ Trace 4 lignes de symétrie.

a)

b)

c)

5. La ligne pointillée est la ligne de symétrie. Dessine la partie manquante de l'image. Utilise une règle.

a)
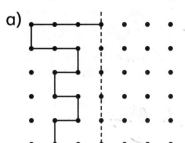

b)
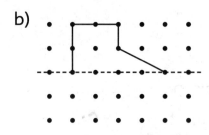

c)
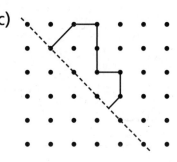

6. Dessine la partie manquante de l'image de sorte qu'elle comporte une ligne de symétrie. Indice : Trace d'abord la ligne de symétrie.

a)

b)
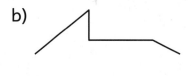

c)
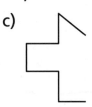

7. Dessine la partie manquante de l'image de sorte qu'elle comporte 2 lignes de symétrie. Trace les 2 lignes de symétrie.

a)

b)
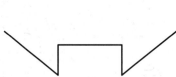

c)
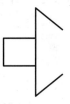

ligne horizontale	ligne verticale	lignes diagonales

8. Dessine une image comportant une ligne de symétrie dans la direction indiquée.

a) horizontale   b) verticale   c) diagonale

9. Dessine une image avec plus d'une ligne de symétrie. Combien de lignes de symétrie comporte-t-elle? Quelles lignes de symétrie sont-elles?

NS3-27 Les nombres pairs et impairs

Le nombre de points est **pair** si tu peux former des groupes de 2.

Le nombre de points est **impair** si tu ne peux pas former des groupes de 2 avec tous les points.

I. Encercle deux points à la fois, puis écris « pair » ou « impair ».

a)

7 est ___*impair*___

b)

8 est _Pair_

c)

5 est _impair_

d)

6 est _Pair_

e)

9 est _impair_

f)

10 est _Pair_

Tu dis les nombres pairs lorsque tu comptes par bonds de 2 à partir de 0.
Les nombres pairs sont 0, 2, 4, 6, 8 et ainsi de suite.

2. a) Souligne les chiffres des unités paires dans les nombres pairs.

I	2	3	4	5	6	7	8	9	10
11	12	13	14	15	16	17	18	19	20
21	22	23	24	25	26	27	28	29	30

b) Quelle régularité vois-tu dans les chiffres des unités paires dans les nombres pairs? Écris la régularité.

__2_ , _4_ , _6_ , _8_ , _2_ , _4_ , _6_ , _8_ , _2_ , _4_ , _6_ , _8_

3. Utilise la régularité que tu as trouvée pour remplir les espaces vides.

a) 46, 48, 50, _52_ , _54_ , _56_

b) 76, 78, 80, _82_ , _84_ , _86_

c) 52, 54, 56, _58_ , _60_ , _62_

d) 82, 84, 86, _88_ , _90_ , _92_

e) 72, 70, 68, _66_ , _64_ , _62_

f) 98, 96, 94, _92_ , _90_ , _88_

g) 324, 326, _328_ , _330_ , _332_

h) 490, 488, _486_ , _484_ , _482_

BONUS ▸ 706, 704, _702_ , _700_ , _698_ , _696_ , _694_

Les nombres impairs sont des nombres qui ne comportent pas de chiffre pair :
1, 3, 5, 7, 9 et ainsi de suite.

4. a) Souligne les chiffres des unités impaires.

<u>1</u>	2	<u>3</u>	4	<u>5</u>	6	<u>7</u>	8	<u>9</u>	10
1<u>1</u>	12	1<u>3</u>	14	15	16	17	18	1<u>9</u>	20
21	22	23	24	25	26	27	28	29	30

b) Quelle régularité aperçois-tu dans les chiffres des unités des nombres impairs? Écris la régularité.

_1_ , _3_ , _5_ , _7_ , _9_ , _1_ , _13_ , _5_ , _7_ , _9_ , _1_ , _3_

5. Utilise la régularité que tu as trouvée pour remplir les espaces vides.

a) 47, 49, 51, _53_ , _50_ , _47_

b) 67, 69, 71, _73_ , _75_ , _77_

c) 53, 55, 57, _59_ , _61_ , _63_

d) 81, 83, 85, _87_ , _89_ , _91_

e) 81, 79, 77, _75_ , _73_ , _70_

f) 49, 47, 45, _43_ , _41_ , _39_

g) 241, 239, _237_ , _235_ , _233_

h) 755, 753, _751_ , _749_ , _747_

6. Écris les nombres pairs ou impairs qui manquent.

a) 22, _24_ , _26_ , 28

b) 29, 31, _33_ , 35

c) _90_ , 92, 94, _96_

d) _65_ , 67, 69, _____

e) _37_ , 39, _41_ , 43

f) _38_ , 40, _____ , 44

g) 34, _32_ , 30, _28_

h) 427, _____ , _____ , 421

i) 866, _864_ , _862_ , 860

j) _____ , 79, 77, _____

7. Additionne. La réponse est-elle paire ou impaire?

a) 7 + 3 = _10_ , _paire_

b) 4 + 8 = _12_ , _paire_

c) 2 + 9 = _11_ , _impaire_

d) 5 + 4 = _9_ , _impaire_

e) 6 + 2 = _8_ , _pair_

f) 1 + 4 = _5_ , _impaire_

8. Si tu additionnes deux nombres pairs, la somme sera-t-elle impaire ou paire? Explique.

NS3-28 L'addition répétée

RAPPEL ▶ Tu peux utiliser les cases pour te souvenir des sommes.

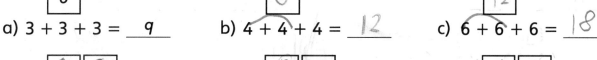

□   *additionne 2 + 2 = 4* → 4   *additionne 4 + 2 = 6* → 4

2 + 2 + 2 = _____   2 + 2 + 2 = _____   2 + 2 + 2 = __6__

I. Additionne les nombres. Utilise les cases pour faire le suivi.

a) 3 + 3 + 3 = __9__   b) 4 + 4 + 4 = __12__   c) 6 + 6 + 6 = __18__ ✓

d) 3 + 3 + 3 + 3 = __18__   e) 4 + 4 + 4 + 4 = __16__   f) 5 + 5 + 5 + 5 = __20__

g) 2 + 2 + 2 + 2 = __8__   h) 5 + 5 + 5 = __15__   i) 6 + 6 + 6 + 6 = __12__

2. Écris une phrase d'addition pour l'image. Additionne pour trouver le nombre de pommes.

a) 2 pommes dans chaque case   3 cases

___2 + 2 + 2 = 6 pommes___

b) 3 pommes dans chaque case   4 cases

___3+3+3+3 = 12 pommes___

c) 4 pommes dans chaque case   2 cases

___4+4=8 pommes___

d) 3 pommes dans chaque case   3 cases

___3+3+3= 9___

e) 5 pommes dans chaque case   4 cases

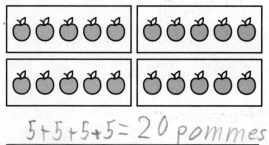

___5+5+5+5= 20 pommes___

f) 6 pommes dans chaque case   2 cases

___6+6= 12 pommes___

3. Fais un dessin et écris une phrase d'addition pour ton dessin.

a) 2 bateaux

    3 campeurs dans chaque bateau

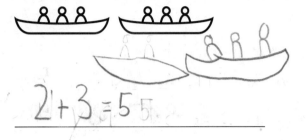

$2 + 3 = 5$ 5

b) 4 assiettes

    2 pommes dans chaque assiette

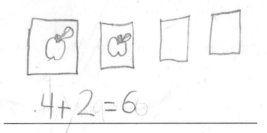

$4 + 2 = 6$

c) 3 boîtes

    5 crayons dans chaque boîte

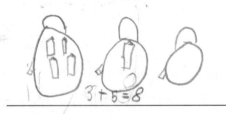

$3 + 5 = 8$

d) 3 aquariums

    2 poissons dans chaque aquarium

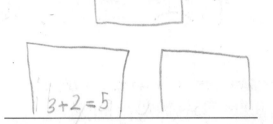

$3 + 2 = 5$

4. Écris une phrase d'addition.

a) 4 boîtes   3 fleurs dans
                 chaque boîte

$4 + 3 = 7$

b) 6 wagons   3 campeurs dans
                  chaque wagon

$6 + 3 = 9$

c) 5 sacs   I banane dans
          chaque sac

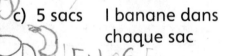

$5 + 1 = 6$ 5

d) 5 paniers   6 oranges dans
             chaque panier

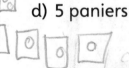

$5 + 6 = 11$

e) 4 bateaux   8 campeurs dans
              chaque bateau

$4 + 8 = 12$

f) 2 fourgonnettes 9 personnes dans
                     chaque fourgonnette

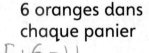

BONUS ▶ Yu aperçoit des boîtes de pommes dans un magasin. Elle écrit une phrase pour le nombre total de pommes : 75 + 75 + 75 + 75 = 300.

a) Combien de pommes y a-t-il dans chaque boîte? ___75___

b) Combien de boîtes de pommes Yu voit-elle? ___300___

NS3-29 Compter par bonds de 2 et de 4

Tu peux compter en avant, par bonds de 2 à partir de 0. Additionne 2 chaque fois.

$(+2)$ $(+2)$ $(+2)$ $(+2)$ $(+2)$
0 , 2 , 4 , 6 , 8 , 10

1. Compte par bonds de 2.

   a) 12, 14, 16, _18_ , _20_ , _22_   b) 42, 44, 46, _48_ , _50_ , _52_

   c) 68, 70, 72, _74_ , _76_ , _78_   d) 80, 82, 84, _86_ , _88_ , _90_

   e) 54, 56, 58, _60_ , _62_ , _64_   f) 88, 90, 92, _94_ , _96_ , _98_

2. Additionne. Compte par bonds pours faire le suivi.

   $\boxed{4}$
   a) 2 + 2 + 2 = _6_

   $\boxed{4}$ $\boxed{4}$
   b) 2 + 2 + 2 + 2 = _8_

   $\boxed{4}$ $\boxed{4}$ $\boxed{4}$ $\boxed{4}$ $\boxed{4}$
   c) 32 + 2 + 2 + 2 + 2 + 2 + 2 = _54_

Tu peux compter en avant, par bonds de 4 à partir de 0. Additionne 4 chaque fois.

$(+4)$ $(+4)$ $(+4)$ $(+4)$ $(+4)$
0 , 4 , 8 , 12 , 16 , 20

3. Compte par bonds de 4.

   $(+4)$ $(+4)$ $(+4)$
   a) 4 , 8 , 12 , _16_ , _20_ , _24_

   $(+4)$ $(+4)$
   b) 20 , 24 , 28 , _32_ , _36_ , _40_

Tu peux compter par bonds de 4 d'une autre manière.
   • Compte par bonds de 2.
   • Encercle un nombre tous les deux nombres.   ⓪, 2 ,④, 6 ,⑧

4. Utilise cette nouvelle méthode pour compter par bonds de 4.

   ⑧, 10 , 12 , 14 , 16 , 18 , 20 , _22_ , _24_ , _26_ , _28_ , _30_ , _32_ , _34_ , _36_

5. Le tableau indique les nombres que tu dis lorsque tu comptes par bonds de 4. On a ajouté un 0 aux deux premiers nombres.

04	08	12	16	20
24	28	32	36	40
44	48	52	56	60

Décris les régularités que tu vois dans les **colonnes** du tableau.

40 80 21 61 02 42 82 12B 83 304
44 84 66 25 65 88899 1 2227

6. Additionne en comptant par bonds de 4.

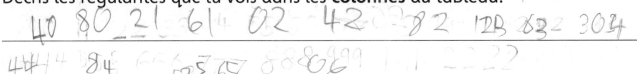

a) 4 + 4 + 4 + 4 = 16   b) 64 + 4 + 4 + 4 = 136

7. Ben compte par bonds de 2 ou de 4.
Écris le nombre qu'il utilise pour compter par bonds.
Écris les nombres qui manquent.

a)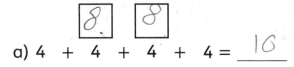

8 10 12 14

Il compte par bonds de 2 .

b)

8 12 16 18

Il compte par bonds de 4 .

c)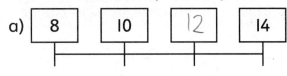

16 18 20 22

Il compte par bonds de 2 .

d)

24 28 32 36

Il compte par bonds de 4 .

e)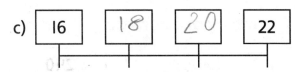

40 44 48 52

Il compte par bonds de 4 .

f)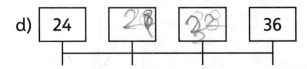

68 70 72 74

Il compte par bonds de 2 .

8. À partir de 0, Tasha compte par bonds de 4. Les nombres qu'elle dit sont-ils tous pairs? Explique.

NS3-30 Compter par bonds de 5 et de 10

1. Souligne le chiffre de l'unité des nombres que tu dis lorsque tu comptes par bonds de 5.

    a) <u>5</u> , 1<u>0</u> , 15 , 20 , 25 , 30

    Écris la régularité correspondant aux chiffres des unités.

    5 , 0 , __15__ , __10__ , __25__ , __26__

    b) 35 , 40 , 45 , 50 , 55 , 60

    Écris la régularité des chiffres des unités. __30__ , __35__ , __40__ , __45__ , __50__ , __55__

2. Encercle les nombres que tu dis lorsque tu comptes par bonds de 5 à partir de 5.

    17   15   23   42   75   92   80   85   33   95   14

3. Additionne en comptant par bonds de 5.

    a) 5 + 5 + 5 + 5 = _____   b) 65 + 5 + 5 + 5 = _____

4. a) Compte par bonds de 10.   0 , 10 , 20 , _____, _____, _____, _____, _____

    b) Décris les régularités que tu vois dans les chiffres des unités et des dizaines.

    _____

5. Amir compte par bonds de 5 ou de 10. Écris le chiffre qui correspond au bond. Écris les nombres qui manquent.

    a) | 15 | 25 | | 45 |

    Il compte par bonds de _____.

    b) | 35 | | 45 | |

    Il compte par bonds de _____.

    c) | 75 | | | 90 |

    Il compte par bonds de _____.

    d) | | 270 | | 290 |

    Il compte par bonds de _____.

    e) | | 455 | | 475 |

    Il compte par bonds de _____.

    f) | | 560 | | 570 |

    Il compte par bonds de_____.

6. Explique comment tu savais quels nombres tu devais encercler dans la question 2.

NS3-3I Compter par bonds de 3

I. Compte en avant par bonds de 3.

0 , 3 , 6 , 9 , _____, _____, _____, _____, _____, _____

2. Additionne les nombres. Compte par bonds pour faire le suivi.

a) 3 + 3 + 3 + 3 = _____

b) 3 + 3 + 3 + 3 + 3 + 3 = _____

3. Compte par bonds de 3.

a) Roues que compte un tricycle

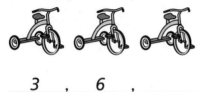

__3__ , __6__ , _____

b) Côtés d'un triangle

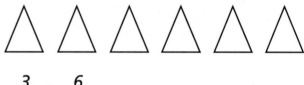

__3__ , __6__ , _____ , _____ , _____ , _____

Lorsque tu comptes par bonds de 3, tu dis les **multiples** de 3.

0, 3, 6, 9, 12 et ainsi de suite sont tous des multiples de 3 à partir de 0.

---

4. Le tableau montre certains multiples de 3. Les trois premiers nombres comportent un 0 à la place des dizaines.

03	06	09
12	15	18
21	24	27
30	33	36

Décris les régularités que tu vois dans les colonnes.
Indice : Regarde les chiffres des unités, puis les chiffres des dizaines.

_____

_____

_____

5. Le tableau indique d'autres multiples de 3.
Regarde les chiffres des unités, puis les chiffres
des dizaines.
Décris les régularités que tu vois dans les colonnes.

30	33	36	39
	42	45	48
	51	54	57
	60	63	66

_____

_____

_____

_____

6. Additionne en comptant par bonds de 3.

a) 45 + 3 + 3 + 3 = _____   b) 60 + 3 + 3 + 3 = _____

7. Karen compte par bonds de 2, 3, 4 ou 5. Écris le chiffre correspondant à son compte par bonds. Écris les nombres qui manquent.

a)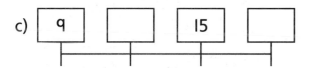

| 20 | | 30 | 35 |

Elle compte par bonds de _____.

b)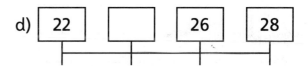

| 4 | | 8 | 10 |

Elle compte par bonds de _____.

c)

| 9 | | 15 | |

Elle compte par bonds de _____.

d)

| 22 | | 26 | 28 |

Elle compte par bonds de _____.

e)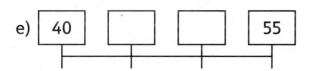

| 40 | | | 55 |

Elle compte par bonds de _____.

f)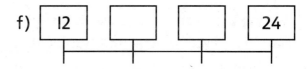

| 12 | | | 24 |

Elle compte par bonds de _____.

8. Ben compte par bonds de 3. Quelles erreurs fait-il?

a) 3, 6, 12, 15, 17, 21   b) 36, 39, 42, 48, 51, 55, 58

BONUS ▶ 66, 63, 60, 58, 55, 51, 45, 42

NS3-32 La multiplication et l'addition répétée

> Nous utilisons la **multiplication** comme un moyen rapide d'écrire l'addition répétée du même nombre.
>
> $$4 \times 3 = \underbrace{3 + 3 + 3 + 3}$$
>
> Additionne 3 à quatre reprises
>
> C'est une **addition répétée**.

1. Complète la phrase numérique en faisant une addition répétée.

   a) $4 \times 2 =$ ___2 + 2 + 2 + 2___   b) $3 \times 2 =$ _____

   c) $3 \times 4 =$ _____   d) $4 \times 5 =$ _____

   e) $2 \times 3 =$ _____   f) $1 \times 5 =$ _____

   g) $5 \times 2 =$ _____   h) $3 \times 5 =$ _____

   i) $2 \times 10 =$ _____   j) $4 \times 7 =$ _____

2. Complète la phrase numérique en faisant une multiplication.

   a) $2 + 2 + 2 =$ ___3×2___   b) $4 + 4 =$ _____

   c) $6 + 6 + 6 =$ _____   d) $3 + 3 + 3 =$ _____

   e) $9 + 9 + 9 =$ _____   f) $7 + 7 + 7 + 7 + 7 =$ _____

   g) $8 + 8 + 8 + 8 =$ _____   h) $5 + 5 + 5 + 5 + 5 + 5 =$ _____

   i) $4 + 4 + 4 + 4 =$ _____   j) $1 + 1 + 1 =$ _____

   BONUS ▶ $100 + 100 + 100 + 100 + 100 + 100 + 100 =$ _____

3. Encercle les additions qui ne peuvent pas être écrites sous forme de multiplication.

$2 + 2 + 2 + 2$	$3 + 4 + 3 + 3 + 3$	$2 + 5 + 7$	$7 + 7 + 7 + 7$
$4 + 4 + 4 + 4 + 4$	$9 + 9 + 9 + 9 + 9$	$5 + 5 + 5 + 8$	$6 + 6 + 6$
$17 + 17 + 17$	$101 + 101 + 101$	$4 + 4 + 9 + 4$	$3 + 3$

4. Écris une phrase d'addition. Puis écris une phrase de multiplication.

a) 3 boîtes   2 crayons dans chaque boîte

    2 + 2 + 2 = 6

    3 × 2 = 6

b) 4 boîtes   5 crayons dans chaque boîte

_____

_____

c) 2 boîtes   4 crayons dans chaque boîte

_____

_____

d) 3 boîtes   3 crayons dans chaque boîte

_____

_____

5. Écris une phrase de multiplication.

a) 3 boîtes   4 prunes dans chaque boîte

    3 × 4 = 12

b) 4 boîtes   6 pommes dans chaque boîte

_____

c) 3 boîtes   5 stylos dans chaque boîte

_____

d) 5 boîtes   10 crayons dans chaque boîte

_____

6. Fais un dessin pour la phrase numérique. Termine la phrase numérique.

a) 2 + 2 + 2 + 2 = _____

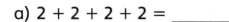
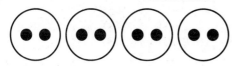

b) 3 + 3 + 3 + 3 = _____

c) 4 + 4 + 4 = _____

d) 6 + 6 = _____

NS3-33 La multiplication et les groupes égaux

1. Écris ce que montre l'image.

a)

_____5_____ groupes de _____4_____

b)

_____2_____ groupes de _____3_____

2. Dessine des groupes égaux. Utilise de grands cercles pour les groupes et des points pour les objets.

a) 4 groupes de 2   b) 3 groupes de 4

6 6 A

3. Écris une phrase d'addition pour l'image. Puis écris une phrase de multiplication.

a)

_____4_____ groupes de _____2_____

_____2 + 2 + 2 + 2_____ = _____8_____

_____4 × 2_____ = _____8_____

b)

_____4_____ groupes de _____3_____

_____4 + 4 + 4_____ = _____12_____

_____4 × 3_____ = _____12_____

c)

_____5_____ groupes de _____2_____

_____5 + 5_____ = _____10_____

_____5 × 2_____ = _____10_____

d)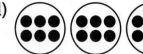

_____6_____ groupes de _____3_____

_____6 + 6 + 6_____ = _____18_____

_____6 × 3_____ = _____18_____

4. Fais un dessin. Puis écris une phrase de multiplication. Trouve le nombre total de points.

a) 3 groupes de 5

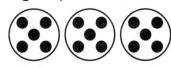

___3___ grands cercles

___5___ points dans un cercle

___3 × 5 = 15___

b) 2 groupes de 6

___2___ grands cercles

___6___ points dans un cercle

___2×6 = 12___

c) 5 groupes de 4

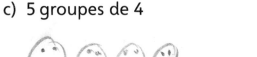

___4___ grands cercles

___5___ points dans un cercle

___5×4×20___

d) 6 groupes de 3

___6___ grands cercles

___3___ points dans un cercle

___6×3 = 18___

e) 2 groupes de 4

___2___ grands cercles

___4___ points dans un cercle

___2×4 = 8___

f) 3 groupes de 3

___3___ grands cercles

___3___ points dans un cercle

___3×3 = 9___

g) 4 groupes de 3

___4___ grands cercles

___3___ points dans un cercle

___4×3 = 12___

h) 5 groupes de 2

___5___ grands cercles

___2___ points dans un cercle

___5×2 = 10___

Tu peux faire un dessin pour une phrase de multiplication.

┌─ nombre de grands cercles

3 × 4 = 12 ◄─── nombre total de points

└─ nombre de points dans un cercle

5. Combien de grands cercles? Combien de points dans un cercle? Fais le dessin, puis termine la phrase de multiplication.

a) 3 × 2 = __6__

__3__ grands cercles

__2__ points dans un cercle

b) 2 × 3 = __6__

__2__ grands cercles

__3__ points dans un cercle

c) 4 × 2 = __8__

__4__ grands cercles

__2__ points dans un cercle

d) 5 × 3 = __15__

__5__ grands cercles

__3__ points dans un cercle

6. Dessine des points et des cercles pour illustrer le problème. Écris une phrase de multiplication pour résoudre le problème.

a) Lewis a besoin de citrons pour son kiosque de vente de limonade. Il achète 3 sacs contenant chacun 6 citrons. Combien de citrons a-t-il achetés en tout?

b) Ava prévoit organiser un tournoi de soccer. Elle a 4 équipes qui comptent chacune 6 joueurs. Combien de joueurs y a-t-il en tout?

c) Un canot peut contenir 3 personnes. Combien de personnes peut-il y avoir dans 4 canots?

7. Écris un problème pour la multiplication. Dessine des points et des cercles pour illustrer le problème. Écris une phrase de multiplication pour résoudre le problème.

a) 2 × 3 = 6   b) 4 × 5 = 20   c) 2 × 5 = 10   d) 3 × 10 = 30

NS3-34 Multiplier en comptant par bonds

Lorsqu'on multiplie deux nombres, le résultat de cette multiplication est appelé le **produit**.

Robert trouve le produit de 3 × 4 en comptant par bonds sur une droite numérique. Il compte par bonds de 4, à trois reprises.

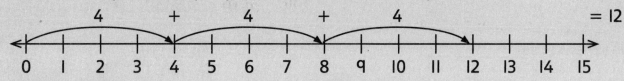

Dans l'image, Robert peut voir que le produit de 3 × 4 est 12.

1. Compte par bonds pour trouver le produit. Utilise des flèches comme celles utilisées par Robert dans l'image ci-dessus.

a) 3 × 2 = __6__

b) 4 × 2 = __8__

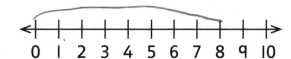

c) 2 × 3 = __6__

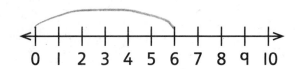

d) 2 × 5 = __10__

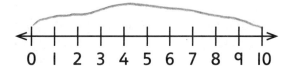

e) 1 × 5 = __5__

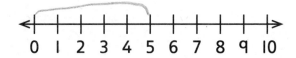

f) 4 × 1 = __4__

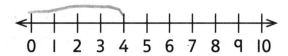

g) 3 × 3 = __9__

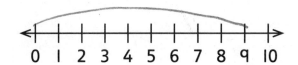

h) 2 × 4 = __8__

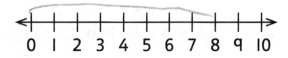

i) 1 × 2 = __2__

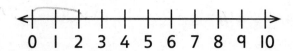

j) 3 × 1 = __3__

2. Utilise la droite numérique pour compter par bonds. Commence au chiffre utilisé pour compter par bonds. Remplis les cases à mesure que tu comptes.

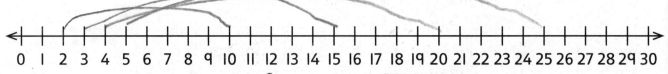

0 1 2 3 4 5 6 7 8 9 10 11 12 13 14 15 16 17 18 19 20 21 22 23 24 25 26 27 28 29 30

a) Compte par bonds de 2 jusqu'à 10.

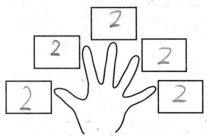

b) Compte par bonds de 3 jusqu'à 15.

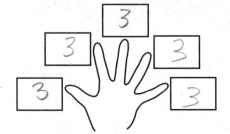

c) Compte par bonds de 4 jusqu'à 20.

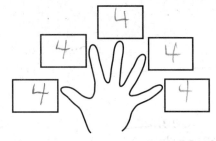

d) Compte par bonds de 5 jusqu'à 25.

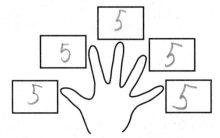

Kim multiplie 3×5 en comptant par bonds de 5.

Elle fait le suivi avec ses doigts.

Kim dit « 15 » lorsqu'elle a 3 doigts levés, alors $3 \times 5 = 15$.

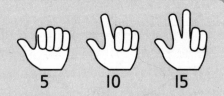

5   10   15

---

3. Compte par bonds pour multiplier. Fais le suivi avec tes doigts.

a) $2 \times 5 = \underline{10}$ b) $3 \times 5 = \underline{15}$ c) $4 \times 2 = \underline{8}$ d) $3 \times 2 = \underline{6}$

e) $5 \times 5 = \underline{25}$ f) $2 \times 3 = \underline{6}$ g) $4 \times 3 = \underline{12}$ h) $2 \times 4 = \underline{8}$

i) $5 \times 4 = \underline{20}$ j) $4 \times 4 = \underline{16}$ k) $3 \times 3 = \underline{9}$ l) $1 \times 2 = \underline{2}$

4. Compte par bonds de 10 pour multiplier.

a) $3 \times 10 = \underline{30}$ b) $2 \times 10 = \underline{20}$ c) $4 \times 10 = \underline{40}$ d) $5 \times 10 = \underline{50}$

BONUS ▶ Sers-toi de tes deux mains pour faire le suivi.

e) $8 \times 10 = \underline{80}$ f) $6 \times 10 = \underline{60}$ g) $9 \times 10 = \underline{90}$ h) $10 \times 10 = \underline{100}$

NS3-35 Les matrices

Dans la **matrice**, il y a 3 rangées de points. Il y a 5 points dans chaque rangée.

rangée ⟶ 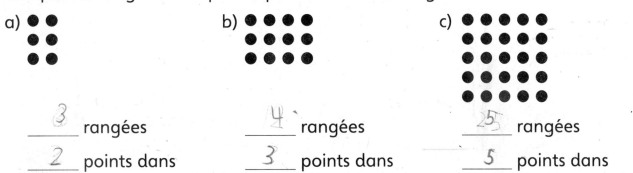 5 ⎤
10 ⎬ Eddy compte les points
15 ⎦ par bonds. 5, 10, 15.

Il écrit une phrase
de multiplication pour la matrice. 3 × 5 = 15   3 lignes de 5 points donnent 15.

1. Compte les rangées. Compte les points dans une rangée.

a)

___3___ rangées

___2___ points dans
chaque rangée

b)

___4___ rangées

___3___ points dans
chaque rangée

c)

___25___ rangées

___5___ points dans
chaque rangée

2. Compte les rangées. Compte les points dans une rangée. Écris une phrase de
multiplication. Trouve la réponse en comptant par bonds.

a)

___2___ rangées

___4___ points dans
chaque rangée

___2 × 4 = 8___

b)

___3___ rangées

___5___ points dans
chaque rangée

___3 × 5 = 15___

c)

___6___ rangées

___3___ points dans
chaque rangée

___6 × 3 = 18___

d)

___3___ rangées

___4___ points dans
chaque rangée

___3 × 4 = 12___

e)

___5___ rangées

___3___ points dans
chaque rangée

___5 × 3 = 15___

f)

___5___ rangées

___2___ points dans
chaque rangée

___5 × 2 = 10___

3. Dessine une matrice. Écris une phrase de multiplication.

a) 2 rangées 3 points dans chaque rangée

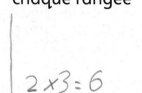

$2 \times 3 = 6$

b) 3 rangées 7 points dans chaque rangée

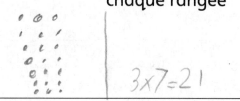

$3 \times 7 = 21$

c) 5 rangées 6 points dans chaque rangée

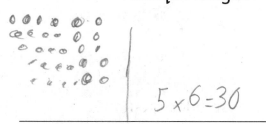

$5 \times 6 = 30$

d) 4 rangées 5 points dans chaque rangée

$4 \times 5 = 20$

4. Dessine une matrice. Écris une phrase de multiplication.

a) Dans un autobus, 4 personnes peuvent s'asseoir sur une rangée de bancs.
L'autobus compte 5 rangées de bancs.
Combien de personnes l'autobus peut-il transporter?

$\underline{4} \times \underline{5} = \underline{20}$

b) Liz place 6 timbres sur chaque ligne de son cahier de timbres.
Il y a 3 lignes de timbres.
Combien de timbres y a-t-il en tout?

$\underline{6} \times \underline{3} = \underline{18}$

c) John plante 3 rangées d'arbres comportant chacune 5 arbres.
Combien d'arbres a-t-il plantés?

$\underline{3} \times \underline{5} = \underline{15}$

d) Une tablette comporte 4 rangées de chandelles.
Chaque rangée comporte 6 chandelles.
Combien de chandelles y a-t-il en tout?

$\underline{4} \times \underline{6} = \underline{24}$

5. Écris une phrase de multiplication pour chaque matrice.

a) ● ● __4__ rangées, __2__ points
   ● ● dans chaque rangée
   ● ● __4×2=8__
   ● ●

b) ● ● ● ● __2__ rangées, __4__ points
   ● ● ● ● dans chaque rangée
   __2×4=8__

c) ● ● ● __4__ rangées, __3__ points
   ● ● ● dans chaque rangée
   ● ● ● __4×3=12__
   ● ● ●

d) ● ● ● ● __3__ rangées, __4__ points
   ● ● ● ● dans chaque rangée
   ● ● ● ● __3×4=12__

> **RAPPEL ▶** Le résultat de la multiplication de deux nombres s'appelle un **produit**.
> Le produit de 3 et 4 est 3 fois 4, ou 12.

6. Explique pourquoi les produits de la question 5.a) sont les mêmes.

parce que je change _____

_____

> Lorsque tu multiplies les mêmes nombres dans un ordre différent, tu obtiens la même réponse.
>
> $5 \times 3 = 3 \times 5$
>
> C'est ce qu'on appelle la **commutativité** de la multiplication.

7. Trouve le produit par commutativité.

a) $6 \times 3 =$ _____

alors $3 \times 6 =$ _____

b) $7 \times 4 =$ _____

alors $4 \times 7 =$ _____

c) $8 \times 6 =$ _____

alors $6 \times 8 =$ _____

d) $9 \times 4 =$ _____

alors $4 \times 9 =$ _____

8. Dessine une matrice pour montrer le produit.

a) 5×4 b) 5×2 c) 4×7 d) 6×3

9. Dessine une matrice pour illustrer 2×3 et 3×2. Les produits de 2×3 et 3×2 sont-ils identiques ou différents? Comment le sais-tu?

Les régularités dans la multiplication des nombres pairs

> Tu peux écrire les multiples de 4 dans un tableau avec 2 rangées de 5 cases.
>
> rangée ⟶
>
> | 04 | 08 | 12 | 16 | 20 |
> |----|----|----|----|----|
> | 24 | 28 | 32 | 36 | 40 |
>
> Tu peux te servir des régularités du tableau pour te rappeler les multiples de 4.

I. Décris les régularités que tu vois dans le tableau ci-dessus.

_____

_____

> | ¹ 04 | ² 08 | ³ 12 | ⁴ 16 | ⁵ 20 |
> |------|------|------|------|------|
> | ⁶ 24 | ⁷ 28 | ⁸ 32 | ⁹ 36 | ¹⁰ 40 |
>
> 12 est le troisième nombre du tableau. Il se trouve à la position 3.

2. a) 24 est en position ____   b) 8 est en position ____   c) 40 est en position ____

3. a) 28 est en position ____   b) 32 est en position ____   c) 16 est en position ____

    $\underline{7} \times 4 = 28$ $\underline{} \times 4 = 32$ $\underline{} \times 4 = 16$

    d) 36 est en position ____   e) 4 est en position ____   f) 20 est en position ____

    $\underline{} \times 4 = 36$ $\underline{} \times 4 = 4$ $\underline{} \times 4 = 20$

4. Utilise les régularités du tableau pour te rappeler les multiples de 4.
   Essaie de répondre à chaque question sans regarder le tableau.

   a) $\begin{array}{r} 4 \\ \times\ 1 \\ \hline \end{array}$ b) $\begin{array}{r} 4 \\ \times\ 3 \\ \hline \end{array}$ c) $\begin{array}{r} 4 \\ \times\ 5 \\ \hline \end{array}$ d) $\begin{array}{r} 4 \\ \times\ 6 \\ \hline \end{array}$ e) $\begin{array}{r} 4 \\ \times\ 2 \\ \hline \end{array}$ f) $\begin{array}{r} 4 \\ \times\ 9 \\ \hline \end{array}$

Tu peux écrire les multiples de 6 dans un tableau à 2 rangées de 5 cases.

06	12	18	24	30
36	42	48	54	60

Tu peux te servir des régularités du tableau pour te rappeler les multiples de 6.

5. Décris les régularités que tu vois dans le tableau ci-dessus.

_____

_____

¹ 06	² 12	³ 18	⁴ 24	⁵ 30
⁶ 36	⁷ 42	⁸ 48	⁹ 54	¹⁰ 60

48 se trouve à la position 8.

6. a) 42 est en position ____   b) 18 est en position ____   c) 30 est en position ____

7. a) 54 est en position ____   b) 36 est en position ____   c) 12 est en position ____

   ____ × 6 = 54   ____ × 6 = 36   ____ × 6 = 12

   d) 24 est en position ____   e) 60 est en position ____   f) 6 est en position ____

   ____ × 6 = 24   ____ × 6 = 60   ____ × 6 = 6

8. Utilise les régularités du tableau pour te rappeler les multiples de 6.
Essaie de répondre à chaque question sans regarder le tableau.

a)   6   b)   6   c)   6   d)   6   e)   6   f)   6

   × 5   × 4   × 7   × 3   × 1   × 8

9. Écris les multiples de 8 dans un tableau comportant 2 rangées de 5 cases.
Quelles régularités peux-tu voir?

_____

Tu peux écrire les multiples de 3 dans un tableau à 3 rangées de 3 cases.

Tu peux te servir des régularités du tableau pour te rappeler les multiples de 3.

03	06	09
12	15	18
21	24	27

1. Décris les régularités que tu vois dans le tableau ci-dessus.

_____

_____

18 est en position 6.

^{1} 03	^{2} 06	^{3} 09
^{4} 12	^{5} 15	^{6} 18
^{7} 21	^{8} 24	^{9} 27

2. a) 12 est en position ____   b) 27 est en position ____   c) 6 est en position ____

3. a) 24 est en position ____   b) 15 est en position ____   c) 21 est en position ____

$\underline{8} \times 3 = 24$ $\underline{} \times 3 = 15$ $\underline{} \times 3 = 21$

d) 3 est en position ____   e) 18 est en position ____   f) 9 est en position ____

$\underline{} \times 3 = 3$ $\underline{} \times 3 = 18$ $\underline{} \times 3 = 9$

4. Utilise les régularités du tableau pour te rappeler les multiples de 3.
   Essaie de répondre à chaque question sans regarder le tableau.

a) $\begin{array}{r} 3 \\ \times\ 2 \\ \hline \end{array}$ b) $\begin{array}{r} 3 \\ \times\ 4 \\ \hline \end{array}$ c) $\begin{array}{r} 3 \\ \times\ 6 \\ \hline \end{array}$ d) $\begin{array}{r} 3 \\ \times\ 1 \\ \hline \end{array}$ e) $\begin{array}{r} 3 \\ \times\ 9 \\ \hline \end{array}$ f) $\begin{array}{r} 3 \\ \times\ 3 \\ \hline \end{array}$

5. Fred a vu 4 tricycles dans un parc. Combien de roues a-t-il vues?

_____

Tu peux écrire les multiples de 7 dans un tableau à 3 rangées et 3 cases.

Tu peux te servir des régularités du tableau pour te rappeler les multiples de 7.

07	14	21
28	35	42
49	56	63

6. Décris les régularités que tu vois dans le tableau ci-dessus.

_____

_____

28 est en position 4.

¹ 07	² 14	³ 21
⁴ 28	⁵ 35	⁶ 42
⁷ 49	⁸ 56	⁹ 63

7. a) 7 est en position ____   b) 56 est en position ____   c) 49 est en position ____

8. a) 14 est en position ____   b) 21 est en position ____   c) 63 est en position ____

____ × 7 = 14   ____ × 7 = 21   ____ × 7 = 63

d) 28 est en position ____   e) 42 est en position ____   f) 35 est en position ____

____ × 7 = 28   ____ × 7 = 42   ____ × 7 = 35

9. Utilise les régularités du tableau pour te rappeler les multiples de 7.
Essaie de répondre à chaque question sans regarder le tableau.

a)   7   b)   7   c)   7   d)   7   e)   7   f)   7
   × 6   × 4   × 5   × 8   × 1   × 7

10. Écris les multiples de 9 dans un tableau comportant 3 rangées de 3 cases.
Quelles régularités peux-tu voir?

COPYRIGHT © 2018 JUMP MATH : COPIE INTERDITE

NS3-38 Les concepts en matière de multiplication (I)

1. Compte par bonds pour trouver combien de pattes ont les animaux.

Animal	Nombre d'animaux						
	1	2	3	4	5	6	7
	2						
	4						
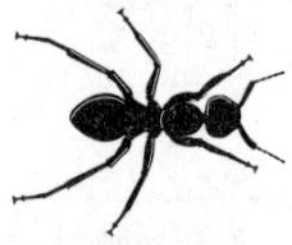	6						
	8						

2. Une « ligne » de hockey compte 5 joueurs. Trouve l'information qui manque.

___4___ lignes	5 + 5 + 5 + 5	4 × 5
3 lignes	5 + 5 + 5	
5 lignes		
_____ lignes		2 × 5

3. Écris les nombres qui manquent.

a) 4, 8, _____, 16, 20

b) 5, _____, 15, _____, 25

c) _____, 6, _____, 12, 15

d) _____, _____, _____, 8, 10

e) _____, 12, _____, 18, 21

f) 10, _____, _____, 40, _____

g) 25, _____, _____, 55, _____

h) 16, _____, _____, _____, 24

4. Mandy s'exerce à la guitare deux fois par semaine. Combien de fois s'exerce-t-elle en 4 semaines?

_____

5. Le tableau indique le prix des billets en dollars pour une pièce de théâtre.

Écris les nombres qui manquent.

Billets	1	2		4	
Prix	5	10			25

6. a) Peux-tu faire une multiplication pour trouver le périmètre du terrain de jeu? Si oui, écris une phrase de multiplication. Sinon, fais une addition.

A.

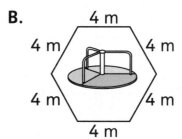

Périmètre = _____

B.

4 m
4 m   4 m
4 m   4 m
4 m

Périmètre = _____

C.

5 m
3 m
4 m

Périmètre = _____

D.

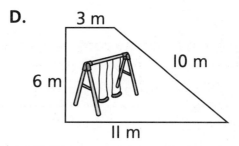

3 m
6 m   10 m
11 m

Périmètre = _____

b) Pour quelles formes de la partie a) peux-tu écrire une phrase de multiplication? En quoi ces formes sont-elles différentes des autres formes?

c) Quel terrain de jeu aura besoin de la clôture la plus longue? Lequel aura besoin de la clôture la plus courte?

7. Crée un problème de multiplication au moyen des nombres 4 et 6.

8. 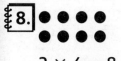

$2 \times 4 = 8$ $2 \times 3 = 6$ $2 \times 2 = 4$ $2 \times 1 = 2$ $2 \times 0 = 0$

Dessine un ensemble similaire de matrices pour 3×4, 3×3, 3×2, 3×1 et 3×0.

NS3-39 Utiliser les doubles pour multiplier

1. Écris une phrase d'addition et une phrase de multiplication pour doubler le nombre.

   a) 7   b) 5   c) 9

   $7 + 7 = 14$ _____   _____

   $2 \times 7 = 14$ _____   _____

2. Double les dizaines et les unités. Additionne les réponses pour doubler le nombre.

   a)
Nombre	42	31	14	23	44	21
Double	84					

   b)
Nombre	73	53	94	82	61	74
Double	146					

   c)
Nombre	65	99	56	78	67
Addition	120 + 10				
Double	130				

3. Double 2 fois le nombre pour trouver 4 fois le nombre.

   a) $2 \times 4 = \underline{\ 8\ }$ b) $2 \times 5 = $ _____   c) $2 \times 7 = $ _____

   donc $4 \times 4 = \underline{\ 16\ }$ donc $4 \times 5 = $ _____   donc $4 \times 7 = $ _____

   d) $2 \times 8 = $ _____   e) $2 \times 6 = $ _____   f) $2 \times 9 = $ _____

   donc $4 \times 8 = $ _____   donc $4 \times 6 = $ _____   donc $4 \times 9 = $ _____

4. Double 3 fois le nombre pour trouver 6 fois le nombre.

   a) $3 \times 2 = $ _____   b) $3 \times 4 = $ _____   c) $3 \times 8 = $ _____

   donc $6 \times 2 = $ _____   donc $6 \times 4 = $ _____   donc $6 \times 8 = $ _____

   d) $3 \times 5 = $ _____   e) $3 \times 6 = $ _____   f) $3 \times 9 = $ _____

   donc $6 \times 5 = $ _____   donc $6 \times 6 = $ _____   donc $6 \times 9 = $ _____

5. Utilise des doubles pour trouver les produits.

a)

Si	$2 \times 7 = 14$	$3 \times 7 = 21$	$4 \times 7 = 28$	$2 \times 6 = 12$
Alors	$4 \times 7 =$ _____	$6 \times 7 =$ _____	$8 \times 7 =$ _____	$4 \times 6 =$ _____

b)

Si	$3 \times 6 = 18$	$4 \times 6 = 24$	$2 \times 8 = 16$	$4 \times 8 = 32$
Alors	$6 \times 6 =$ _____	$8 \times 6 =$ _____	$4 \times 8 =$ _____	$8 \times 8 =$ _____

c)

Si	$2 \times 9 = 18$	$3 \times 9 = 27$	$4 \times 9 = 36$	$2 \times 12 = 24$
Alors	$4 \times 9 =$ _____	___ $\times 9 =$ _____	___ $\times 9 =$ _____	___ $\times 12 =$ _____

6. Double 2 fois le nombre pour trouver 4 fois le nombre. Donc trouve 8 fois le nombre.

a) $2 \times 7 =$ _____

donc $4 \times 7 =$ _____

et $8 \times 7 =$ _____

b) $2 \times 8 =$ _____

donc $4 \times 8 =$ _____

et $8 \times 8 =$ _____

c) $2 \times 6 =$ _____

donc $4 \times 6 =$ _____

et $8 \times 6 =$ _____

7. a) Un lézard scinque des prairies mesure 20 cm. Une salamandre tigrée est 2 fois plus longue qu'un scinque des prairies. Combien mesure la salamandre tigrée?

b) Un boa caoutchouc est 2 fois plus long qu'une salamandre tigrée. Combien mesure le boa caoutchouc?

c) Un serpent à sonnette des prairies est 2 fois plus long que le boa. Combien mesure le serpent à sonnette?

BONUS ▶ Le serpent à sonnette est-il plus long que I m?

BONUS ▶ Utilise des doubles pour trouver 12×4.

$3 \times 4 =$ _____

donc $6 \times 4 =$ _____

et $12 \times 4 =$ _____

8. Une table a 82 cm de longueur. Quelle longueur auront deux tables?

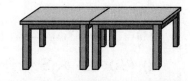

L'addition, la soustraction et la multiplication sont des **opérations**.
Les **parenthèses** t'indiquent quelle opération tu dois faire en premier.

Par exemple, $3 \times (7 + 2)$ $(8 - 2) \times 5$

Fais d'abord cela.   Fais d'abord cela.

1. Fais l'opération entre parenthèses. Écris la question avec seulement une opération.

a) $3 \times (4 + 2)$

= ___3×6___

b) $(3 \times 4) + 2$

= _____

c) $7 + (3 + 1)$

= _____

d) $3 \times (7 + 2)$

= _____

e) $(5 - 1) \times 6$

= _____

f) $(9 - 2) \times 6$

= _____

2. Fais d'abord l'opération entre parenthèses.

a) $4 \times (2 + 3)$

= ___4×5___

= ___20___

b) $(3 + 3) \times 2$

= _____

= _____

c) $7 + (4 \times 2)$

= _____

= _____

d) $2 \times (5 + 3)$

= _____

= _____

e) $(5 - 3) \times 5$

= _____

= _____

f) $8 \times (7 - 4)$

= _____

= _____

g) $(2 \times 3) - 1$

= _____

= _____

h) $(3 + 4) + 8$

= _____

= _____

i) $7 + (9 \times 2)$

= _____

= _____

3. Quelle phrase est correcte? $3 \times (2 + 1) = 9$ ou $2 \times (2 + 1) = 5$
Explique comment tu le sais.

BONUS ▶ Trouve la réponse.

a) $(3 \times 2) + (6 \times 1)$

b) $(5 - 1) + (3 \times 3)$

c) $7 + (3 \times 1) + 4$

Amy sait que 4 × 6 correspond à un 6 de plus que 3 × 6.
Elle le montre de deux façons :

Avec une image :

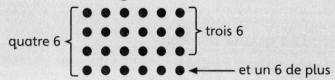

quatre 6 · trois 6 · et un 6 de plus

En additionnant :

$$4 \times 6 = 6 + 6 + 6 + 6$$

$$3 \times 6 \quad + \quad 6$$

Donc 4 × 6 = (3 × 6) + 6

= 18 + 6

= 24

I. Écris un produit pour la matrice.

a)

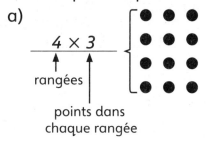

4 × 3

rangées

points dans
chaque rangée

b)

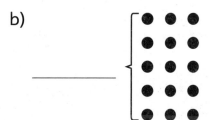

c)

d)

2. Écris les produits et les nombres qui manquent.

a)

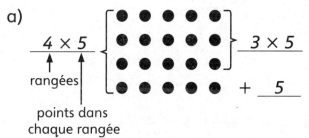

4 × 5

rangées

points dans
chaque rangée

3 × 5

+ 5

b)

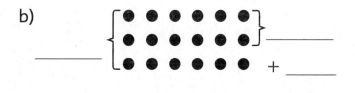

+

c)

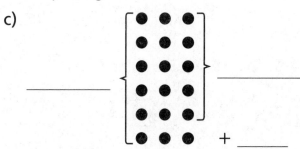

+

d)

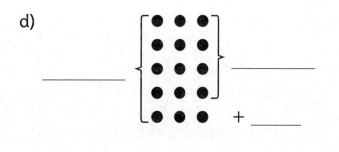

+

Tu peux transformer un produit en un plus petit produit et une somme.

$$5 \times 3 = (4 \times 3) + 3$$

Soustrais 1 de 5.   Additionne un 3 de plus.

$$9 \times 4 = (8 \times 4) + 4$$

Soustrais 1 de 9.   Additionne un 4 de plus.

3. Transforme le produit en un plus petit produit et une somme.

a) $6 \times 7 = (5 \times \underline{\quad 7 \quad}) + \underline{\quad 7 \quad}$

b) $5 \times 7 = (4 \times \underline{\qquad}) + \underline{\qquad}$

c) $9 \times 3 = (8 \times \underline{\qquad}) + \underline{\qquad}$

d) $3 \times 6 = (2 \times \underline{\qquad}) + \underline{\qquad}$

e) $9 \times 4 = (\underline{\qquad} \times \underline{\qquad}) + \underline{\qquad}$

f) $8 \times 6 = (\underline{\qquad} \times \underline{\qquad}) + \underline{\qquad}$

g) $6 \times 8 = \underline{\hspace{4cm}}$

h) $8 \times 7 = \underline{\hspace{4cm}}$

i) $7 \times 6 = \underline{\hspace{4cm}}$

j) $9 \times 6 = \underline{\hspace{4cm}}$

4. Trouve la réponse en transformant le produit en un plus petit produit et une somme.

a) $5 \times 3 = \underline{\quad (4 \times 3) + 3 \quad}$

$= \underline{\quad 12 + 3 \quad}$

$= \underline{\quad 15 \quad}$

b) $6 \times 4 = \underline{\hspace{4cm}}$

$= \underline{\hspace{4cm}}$

$= \underline{\hspace{2cm}}$

c) $6 \times 8 = \underline{\hspace{4cm}}$

$= \underline{\hspace{4cm}}$

$= \underline{\hspace{2cm}}$

d) $6 \times 9 = \underline{\hspace{4cm}}$

$= \underline{\hspace{4cm}}$

$= \underline{\hspace{2cm}}$

e) $6 \times 6 = \underline{\hspace{4cm}}$

$= \underline{\hspace{4cm}}$

$= \underline{\hspace{2cm}}$

f) $7 \times 8 = \underline{\hspace{4cm}}$

$= \underline{\hspace{4cm}}$

$= \underline{\hspace{2cm}}$

g) 8×3

h) 7×6

i) 7×7

j) 3×6

NS3-42 Trouver des moyens faciles de multiplier

7 groupes de 2 =   4 groupes de 2   +   3 groupes de 2

I. Trace une ligne pour montrer les deux produits plus petits.

a) 5 groupes de 3 = 3 groupes de 3 + 2 groupes de 3

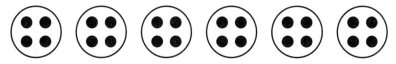

b) 6 groupes de 4 = 5 groupes de 4 + I groupe de 4

c) 4 groupes de 2 = 2 groupes de 2 + 2 groupes de 2

d) 8 groupes de 3 = 5 groupes de 3 + 3 groupes de 3

2. Quels sont les produits additionnés? Remplis les espaces vides.

a)

<u> 3 </u> × <u> 4 </u>   + ____ × ____ = ____ × ____

b)

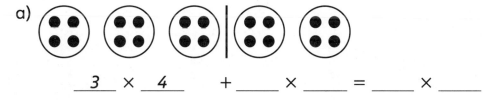

____ × ____   +   ____ × ____ = ____ × ____

3. Fais un dessin pour montrer le produit comme la somme de deux produits plus petits.

a) 6 groupes de trois = 4 groupes de trois + 2 groupes de trois

b) 8 groupes de quatre = 5 groupes de quatre + 3 groupes de quatre

c) $5 \times 3 = (3 \times 3) + (2 \times 3)$

| 8 = 5 + 3, alors | 8 sept | = | 5 sept | + | 3 sept |

$$8 = 5 + 3, \text{ alors} \quad 8 \text{ sept} \quad = \quad 5 \text{ sept} \quad + \quad 3 \text{ sept}$$

$$\underbrace{7 + 7 + 7 + 7 + 7 + 7 + 7 + 7}_{} = \underbrace{7 + 7 + 7 + 7 + 7}_{} + \underbrace{7 + 7 + 7}_{}$$

4. Remplis les espaces vides.

   a) 7 huit = 5 huit + _____ huit

   b) 6 neuf = 5 neuf + _____ neuf

   c) 9 six = 5 six + _____ six

   d) 8 quatre = 5 quatre + _____ quatre

5. Écris le produit comme la somme de deux produits plus petits.
   Utilise 5 dans l'un des produits. Trouve ensuite le produit final.

   a) $7 \times 8 = \underbrace{8 + 8 + 8 + 8 + 8}_{} + \underbrace{8 + 8}_{}$

   $$= \quad (5 \times 8) \quad + \quad (\underline{\ 2\ } \times 8)$$

   $$= \quad \underline{40} \quad + \quad \underline{16}$$

   $$= \quad \underline{56}$$

   b) $8 \times 6 = \underbrace{6 + 6 + 6 + 6 + 6}_{} + \underbrace{6 + 6 + 6}_{}$

   $$= \quad (5 \times 6) \quad + \quad (\underline{\quad} \times 6)$$

   $$= \quad \underline{\quad} \quad + \quad \underline{\quad}$$

   $$= \quad \underline{\quad}$$

   c) $7 \times 9 = \underbrace{9 + 9 + 9 + 9 + 9}_{} + \underbrace{9 + 9}_{}$

   $$= \quad (5 \times 9) \quad + \quad (\underline{\quad} \times 9)$$

   $$= \quad \underline{\quad} \quad + \quad \underline{\quad}$$

   $$= \quad \underline{\quad}$$

   ⧉d) 8 × 7   ⧉e) 7 × 7   ⧉f) 9 × 6   ⧉g) 7 × 6   ⧉h) 8 × 8

⧉**6.** Quelles parties de la question 5 ont la même réponse?
   Comment pourrais-tu avoir prédit cela?

NS3-43 Multiplier par 1 et par 0

Tout nombre multiplié par 1 correspond au nombre lui-même.

Par exemple : $7 \times 1 = \underbrace{1 + 1 + 1 + 1 + 1 + 1 + 1}_{\text{7 unités}} = 7$

1. Multiplie.

a) $3 \times 1 = $ _____

b) $8 \times 1 = $ _____

c) $2 \times 1 = $ _____

d) $4 \times 1 = $ _____

e) $5 \times 1 = $ _____

f) $6 \times 1 = $ _____

BONUS ▶

g) $100 \times 1 = $ _____

h) $400 \times 1 = $ _____

i) $1 \times 1000 = $ _____

$4 \times 3 = \underbrace{3 + 3 + 3 + 3}_{\text{Additionne 4 trois.}}$ et $1 \times 3 = \underbrace{3}_{\text{Additionne 1 trois.}}$

Donc multiplier un nombre par 1 donne le nombre lui-même.

2. Multiplie.

a) $1 \times 9 = $ _____

b) $1 \times 6 = $ _____

c) $12 \times 1 = $ _____

d) $7 \times 1 = $ _____

e) $1 \times 17 = $ _____

f) $1 \times 20 = $ _____

BONUS ▶

g) $153 \times 1 = $ _____

h) $1 \times 500 = $ _____

i) $1 \times 999 = $ _____

3. Additionne ou multiplie.

a) $8 + 1 = $ _____

b) $8 \times 1 = $ _____

c) $1 + 4 = $ _____

d) $1 \times 4 = $ _____

e) $1 \times 5 = $ _____

f) $1 + 5 = $ _____

g) $9 \times 1 = $ _____

h) $9 + 1 = $ _____

i) $1 \times 1 = $ _____

j) $1 + 1 = $ _____

BONUS ▶ $999 + 1 = $ _____

4. Multiplie.

a) $3 \times 0 = 0 + 0 + 0$

$= \underline{\hspace{1cm}}$

b) $4 \times 0 = 0 + 0 + 0 + 0$

$= \underline{\hspace{1cm}}$

c) $2 \times 0 = 0 + 0$

$= \underline{\hspace{1cm}}$

d) $5 \times 0 = 0 + 0 + 0 + 0 + 0$

$= \underline{\hspace{1cm}}$

e) $19 \times 0 = \underline{\hspace{1cm}}$

f) $183 \times 0 = \underline{\hspace{1cm}}$

5. Continue la régularité pour trouver 0 fois le nombre. Remplis les cercles.

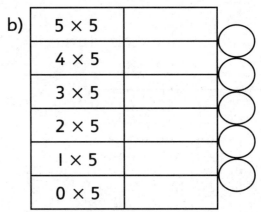

a)

5×2	10
4×2	8
3×2	6
2×2	
1×2	
0×2	

(− 2) (− 2) (− 2)

b)

5×5	
4×5	
3×5	
2×5	
1×5	
0×5	

6. Multiplie.

a) $0 \times 7 = \underline{\hspace{1cm}}$

b) $8 \times 0 = \underline{\hspace{1cm}}$

c) $0 \times 17 = \underline{\hspace{1cm}}$

d) $9 \times 0 = \underline{\hspace{1cm}}$

e) $12 \times 0 = \underline{\hspace{1cm}}$

f) $30 \times 0 = \underline{\hspace{1cm}}$

g) $0 \times 25 = \underline{\hspace{1cm}}$

h) $0 \times 11 = \underline{\hspace{1cm}}$

BONUS ▶ $0 \times 1000 = \underline{\hspace{2cm}}$

7. Additionne ou multiplie.

a) $8 \times 0 = \underline{\hspace{1cm}}$

b) $8 + 0 = \underline{\hspace{1cm}}$

c) $0 \times 9 = \underline{\hspace{1cm}}$

d) $0 + 9 = \underline{\hspace{1cm}}$

e) $5 + 1 = \underline{\hspace{1cm}}$

f) $5 \times 1 = \underline{\hspace{1cm}}$

g) $0 \times 1 = \underline{\hspace{1cm}}$

h) $0 + 1 = \underline{\hspace{1cm}}$

BONUS ▶ Mets le même nombre dans chaque case. Écris trois réponses différentes.

☐ × 1 = ☐ + 0   ☐ × 1 = ☐ + 0   ☐ × 1 = ☐ + 0

I. Compte le nombre de carrés dans le rectangle. Écris ta réponse dans le carré du bas, à droite. Puis écris une phrase de multiplication.

a)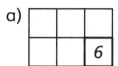

$$2 \times 3 = 6$$

b)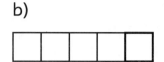

_____

c)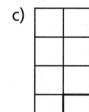

_____

d)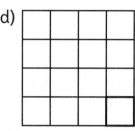

_____

2. Dessine un rectangle pour le produit des deux nombres. Compte le nombre de carrés dans le rectangle. Écris ta réponse dans le carré du bas, à droite du rectangle.

a) 2 × 3

×	I	2	3	4	5
I					
2			6		
3					
4					
5					

b) 3 × 4

×	I	2	3	4	5
I					
2					
3					
4					
5					

c) 4 × 2

×	I	2	3	4	5
I					
2					
3					
4					
5					

d) 2 × 5

×	I	2	3	4	5
I					
2					
3					
4					
5					

Tony veut utiliser le tableau pour trouver la réponse de 3 × 4.

Il dessine un rectangle à partir du point. Le rectangle comporte 3 rangées de 4 carrés.

La réponse correspond au nombre dans le coin en bas, à droite du rectangle.

Alors 3 × 4 = 12.

×	1	2	3	4	5
1	1	2	3	4	5
2	2	4	6	8	10
3	3	6	9	12	15
4	4	8	12	16	20
5	5	10	15	20	25

3. Utilise la méthode de Tony pour multiplier.

a) 2 × 4

×	1	2	3	4	5
1	1	2	3	4	5
2	2	4	6	8	10
3	3	6	9	12	15
4	4	8	12	16	20
5	5	10	15	20	25

Alors 2 × 4 = _____.

b) 5 × 3

×	1	2	3	4	5
1	1	2	3	4	5
2	2	4	6	8	10
3	3	6	9	12	15
4	4	8	12	16	20
5	5	10	15	20	25

Alors 5 × 3 = _____.

c) 4 × 2

×	1	2	3	4	5
1	1	2	3	4	5
2	2	4	6	8	10
3	3	6	9	12	15
4	4	8	12	16	20
5	5	10	15	20	25

Alors 4 × 2 = _____.

d) 5 × 4

×	1	2	3	4	5
1	1	2	3	4	5
2	2	4	6	8	10
3	3	6	9	12	15
4	4	8	12	16	20
5	5	10	15	20	25

Alors 5 × 4 = _____.

4. Quelles sont les deux réponses de la question 3 qui sont identiques? Pourquoi est-ce comme cela?

NS3-45 Les tables de multiplication (2)

Une **table de multiplication** montre le produit de deux nombres.

	1	2	3	4	⑤
1	1	2	3	4	5
②	2	4	6	8	⑩

← 2e nombre

1er nombre ⟶

← Produit : 2 × 5 = 10

1. Utilise la table de multiplication pour multiplier.

a) 2 × 7 = _____   b) 3 × 6 = _____

c) 4 × 8 = _____   d) 5 × 7 = _____

e) 4 × 6 = _____   f) 3 × 8 = _____

g) 4 × 7 = _____   h) 4 × 4 = _____

×	1	2	3	4	5	6	7	8
1	1	2	3	4	5	6	7	8
2	2	4	6	8	10	12	14	16
3	3	6	9	12	15	18	21	24
4	4	8	12	16	20	24	28	32
5	5	10	15	20	25	30	35	40

2. Trouve le nombre qui manque.

a) 3 × 7 = _____   b) 4 × 6 = _____   c) 2 × 8 = _____   d) 5 × 6 = _____

e) _____ × 4 = 8   f) _____ × 8 = 24   g) _____ × 4 = 12   h) 6 × _____ = 18

i) _____ × 2 = 14   j) 3 × _____ = 15   k) 4 × 4 = _____   l) _____ × 6 = 36

3. a) Termine la table de multiplication.

b) Décris la régularité pour la rangée de 3.

_____

_____

c) Remplis les espaces vides.

La rangée de _____ est identique à la colonne de 2.

La rangée de _____ est identique à la colonne de 3.

La rangée de _____ est identique à la colonne de 4.

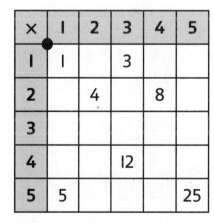

×	1	2	3	4	5
1	1		3		
2		4		8	
3					
4			12		
5	5				25

4. a) Utilise la moitié remplie pour terminer rapidement la moitié vide.

×	1	2	3	4	5	6	7	8	9	10
1	1	2	3	4	5	6	7	8	9	10
2		4	6	8	10	12	14	16	18	20
3			9	12	15	18	21	24	27	30
4				16	20	24	28	32	36	40
5					25	30	35	40	45	50
6						36	42	48	54	60
7							49	56	63	70
8								64	72	80
9									81	90
10										100

b) Décris les régularités que tu vois pour la rangée de 8.

_____

_____

c) Recherche les nombres pairs et impairs dans la colonne de 7. Que remarques-tu?

_____

_____

5. Compare la rangée de 2 à la rangée de 4. Que remarques-tu?

2	4	6	8	10	12	14	16	18	20

4	8	12	16	20	24	28	32	36	40

NS3-46 L'associativité

I. Fais l'opération entre parenthèses. Écris la question avec
une seule opération.

a) $3 \times (4 \times 2)$ b) $(3 \times 4) \times 2$ c) $7 \times (3 \times I)$

$= \underline{\ \ 3 \times 8 \ \ }$ $= \underline{\hspace{3cm}}$ $= \underline{\hspace{3cm}}$

d) $5 \times (I \times 4)$ e) $(3 \times 2) \times 5$ f) $6 \times (2 \times 4)$

$= \underline{\hspace{3cm}}$ $= \underline{\hspace{3cm}}$ $= \underline{\hspace{3cm}}$

2. Fais d'abord l'opération entre parenthèses.

a) $5 \times (2 \times 2)$ b) $5 \times (2 \times 5)$ c) $(3 \times 2) \times 2$

$= \underline{\ \ 5 \times 4 \ \ }$ $= \underline{\hspace{3cm}}$ $= \underline{\hspace{3cm}}$

$= \underline{\ \ 20 \ \ }$ $= \underline{\hspace{2cm}}$ $= \underline{\hspace{2cm}}$

d) $(I \times 8) \times 4$ e) $(3 \times 2) \times 7$ f) $7 \times (I \times 7)$

$= \underline{\hspace{3cm}}$ $= \underline{\hspace{3cm}}$ $= \underline{\hspace{3cm}}$

$= \underline{\hspace{2cm}}$ $= \underline{\hspace{2cm}}$ $= \underline{\hspace{2cm}}$

3. a) Trouve le produit de deux façons.

$(3 \times 2) \times 4$ $3 \times (2 \times 4)$

$= \underline{\hspace{2.5cm}}$ $= \underline{\hspace{2.5cm}}$

$= \underline{\hspace{2cm}}$ $= \underline{\hspace{2cm}}$

b) Que remarques-tu à propos de tes réponses?

$\underline{\hspace{13cm}}$

> 2 × 4 (ou 8) rangées de 3

L'image montre : 2 × (4 × 3) = (2 × 4) × 3

4. Encercle 5 × 2 ou 2 × 5. Trouve ce produit. Puis trouve la réponse.

a) 3 × (5 × 2)

= ___3 × 10___

= ___30___

b) 7 × 5 × 2

= _____

= _____

c) 3 × 2 × 5

= _____

= _____

d) 2 × 5 × 8

= _____

= _____

e) 6 × 5 × 2

= _____

= _____

f) 9 × 2 × 5

= _____

= _____

5. Écris les deux produits, puis utilise le plus facile pour trouver la réponse.

(8 × 3) × 3

= _____

8 × (3 × 3)

= _____

Alors 8 × 3 × 3

= _____.

6. Encercle le produit que tu trouverais en premier. Puis trouve la réponse.

a) 4 × (3 × 3)

= _____

= _____

b) 2 × 4 × 6

= _____

= _____

c) 7 × 2 × 2

= _____

= _____

BONUS ▶ Quel nombre fait en sorte que la phrase est vraie?

a) 2 × 3 × 5 = ☐

b) ☐ × 2 × 3 = 30

c) ☐ × 2 × 3 = 24

d) ☐ × 2 × 5 = 20

e) 2 × 2 × ☐ = 28

f) ☐ × 1 × 9 = 54

Logique numérale 3-46

I. Un banc a 3 pattes. Combien de pattes comporteront 6 bancs? _____

2. Tessa multiplie 5 par un nombre plus petit que 4.
Le chiffre des unités de la réponse est 0.

Par quel nombre a-t-elle multiplié 5? _____ Quelle est sa réponse? _____

3. a) Il y a 10 crayons à colorier dans une boîte.
Combien de crayons y a-t-il dans 5 boîtes? _____

b) Les stylos sont offerts en paquets de 4.
Combien de stylos y a-t-il dans 4 paquets? _____

4. Trouve deux nombres ($\triangle$ et $\square$) qui font que la phrase de

multiplication $\square$ × $\triangle$ = $\square$ est vraie. Les deux nombres

dans les carrés doivent être les mêmes.

5. Trouve la somme et le produit de chaque paire de nombres.

	Somme	Produit
3 et 4		
2 et 5		
1 et 7		
2 et 2		
Crée une paire : _____ et _____		

6. Remplis les espaces vides.

a) Deux nombres dont le produit est plus grand que leur somme. _____ et _____

b) Deux nombres dont la somme est plus grande que leur produit. _____ et _____

c) Deux nombres dont la somme et le produit sont égaux. _____ et _____

7. Qu'obtiens-tu lorsque tu multiplies un nombre par 1?
Que font 1 × 100? Que font 1 × 732?

8.

Véhicule	Nombre de roues
Vélo	2
Tricycle	3
Kart	4

a) Combien 6 vélos ont-ils de roues?

b) Est-ce que 5 tricycles ont plus de roues que 4 karts?

c) Jim a compté 11 roues sur 3 véhicules. Combien de chaque type de véhicule a-t-il compté?

9. Écris une phrase d'addition et de multiplication pour le périmètre.

a)
```
      4 cm
   ┌────────┐
5 cm│        │5 cm
   └────────┘
      4 cm
```

b)
```
      3 cm
     ╱────╱
6 cm╱    ╱6 cm
   ╱────╱
   3 cm
```

c)
```
     3 m
    ╱───╲
2 m╱     ╲2 m
  └───────┘
     2 m
```

10. Iva dit que le rectangle a un périmètre de $2 \times (3 + 4)$ cm. Tristan affirme lui que le rectangle a un périmètre de $2 \times 3 + 2 \times 4$ cm. Qui a raison? Explique.

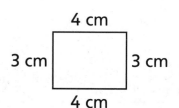

11. Trouve le périmètre. Écris une phrase de multiplication si tu le peux.

a)
```
      6 cm
   ┌────────┐
6 cm│        │6 cm
   └────────┘
      6 cm
```

b)
```
   3 m    3 m
    ╱──────╲
3 m│        │3 m
   └────────┘
      3 m
```

c)
```
     2 m
   ┌──────────╲
   │           ╲ 3 m
2 m│            ▷
   │           ╱ 3 m
   └──────────╱
     2 m
```

BONUS ▶ Mary dessine un polygone sur une feuille quadrillée. Elle trouve le périmètre de son polygone en écrivant la phrase $4 \times 5 = 20$ cm. Dessine le polygone de Mary.

BONUS ▶ Une boîte de 2 crayons coûte 8 cents. Une boîte de 3 crayons coûte 10 cents. Quelle est la façon la plus économique d'acheter 6 crayons?

BONUS ▶ Utilise les chiffres 2, 3 et 4 pour remplir les cases.

a) (☐ × △) + ⬠ = 10

b) (☐ × △) − ⬠ = 10

ME3-9 Les formes et l'aire

Deux blocs géométriques carrés recouvrent ce rectangle.

Les carrés sont de la même taille.

Il n'y a pas d'espace non recouvert ni de chevauchement.

L'**aire** du rectangle est de 2 carrés.

1. Vincent a mesuré l'aire d'un livre avec des carrés. Fais un ✓ pour les bonnes réponses et un ✗ pour les mauvaises réponses.

a)

✓	Les carrés ont la même taille.
✗	Le livre est recouvert.
✓	Les carrés ne se chevauchent pas.
✗	L'aire est de 4 carrés.

b)

	Les carrés ont la même taille.
	Le livre est recouvert.
	Les carrés ne se chevauchent pas.
	L'aire est de 6 carrés.

c)

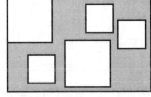

	Les carrés ont la même taille.
	Le livre est recouvert.
	Les carrés ne se chevauchent pas.
	L'aire est de 5 carrés.

d)

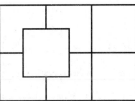

	Les carrés ont de la même taille.
	Le livre est recouvert.
	Les carrés ne se chevauchent pas.
	L'aire est de 7 carrés.

Un **centimètre carré** est un carré avec des côtés de 1 cm de long.

Nous écrivons **cm²** pour abréger.

Tu peux mesurer l'aire en centimètres carrés.

1 cm / 1 cm

2. Trouve l'aire en centimètres carrés.

a)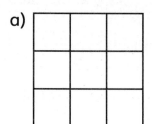

Aire = _____ cm²

b)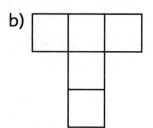

Aire = _____ cm²

c)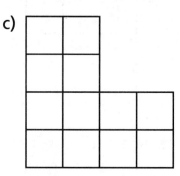

Aire = _____ cm²

d)

Aire = _____ cm²

e)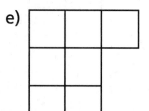

Aire = _____ cm²

f)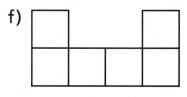

Aire = _____ cm²

3. Utilise une règle pour joindre les marques et divise le rectangle en centimètres carrés. Ensuite trouve l'aire en cm².

a)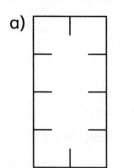

Aire = _____ cm²

b)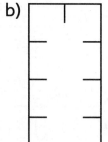

Aire = _____ cm²

c)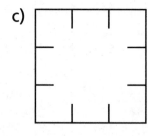

Aire = _____ cm²

4. Les petits carrés sur la grille mesurent chacun 1 cm². Trouve les aires
à l'aide des unités carrés.

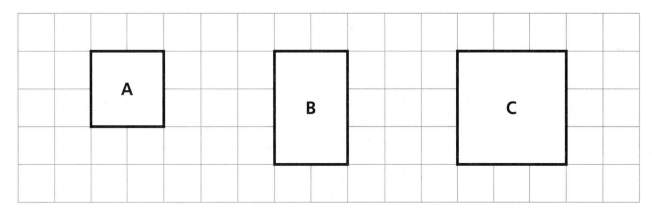

Aire de A = _____ cm²   Aire de B = _____ cm²   Aire de C = _____ cm²

5. Dessine 3 formes sur les lignes de la grille. Trouve l'aire de chaque forme.

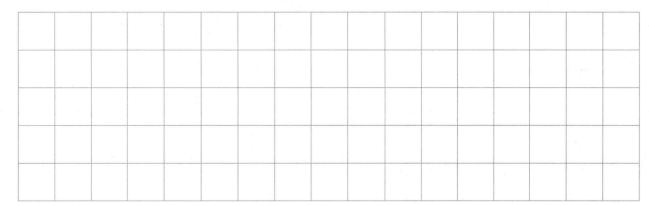

6. a) Dessine 3 formes différentes sur les lignes de la grille, chacune
avec une aire de 6 cm².

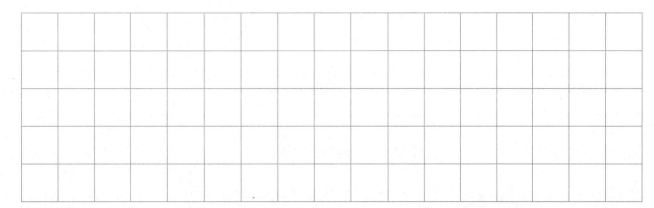

b) Deux polygones doivent-ils avoir nécessairement la même taille
et la même forme pour avoir la même aire? Explique.

Tu peux utiliser des blocs géométriques pour mesurer l'aire. Recouvre la forme avec des blocs du même type sans espace non recouvert ni chevauchement. Ensuite compte les blocs.

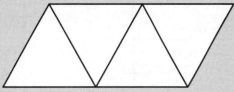 

L'aire de la forme est de 4 triangles ou de 2 losanges bleus.

I. a) Mesure l'aire des polygones avec des blocs géometriques triangulaires.

A.

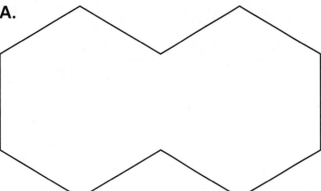

B.

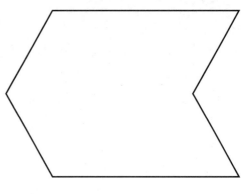

Aire de A = _____ triangles

Aire de B = _____ triangles

Aire de C = _____ triangles

C.

b) Classe les formes en ordre selon l'aire, de la plus petite à la plus grande.

_____, _____, _____

c) Mesure l'aire des formes avec des losanges bleus.

Aire de A

= _____ losanges

Aire de B

= _____ losanges

Aire de C

= _____ losanges

d) Classe les formes en ordre selon les aires que tu as trouvées à la section c), de la plus petite à la plus grande. _____, _____, _____

e) L'ordre des formes change-t-il lorsque tu changes l'unité de l'aire? _____

2. a) Combien de blocs géométriques triangulaires recouvrent chaque forme?

losange

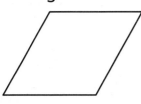

_____ triangles

trapèze

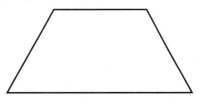

_____ triangles

b) Fais chaque forme avec des blocs géométriques. Mesure l'aire de la forme que tu as faite en termes de l'unité de bloc géométrique donnée.

A.

Aire de A = _____

B.

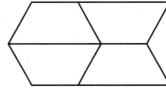

Aire de B = _____

C.

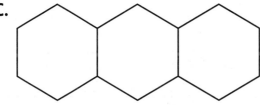

Aire de C = _____

D.

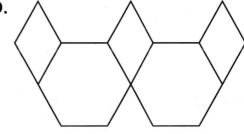

Aire de D = _____

c) Utilise la fonction multiplication pour prédire l'aire des formes à la section b) en blocs géométriques triangulaires.

Aire de A = ____ × ____ = ____ △   Aire de B = ____ × ____ = ____ △

Aire de C = ____ × ____ = ____ △   Aire de D = ____ × ____ = ____ △

d) Vérifie tes prévisions. Mesure l'aire des formes en termes de triangles.

Aire de A = _____ △   Aire de B = _____ △

Aire de C = _____ △   Aire de D = _____ △

BONUS ▶ Jacques a fait une forme avec 4 hexagones. Quelle est l'aire

de cette forme en triangles? _____ × _____ = _____ △

ME3-11 Compter par bonds pour trouver l'aire

L'aire est de 12 unités carrées.

1	2	3	4
5	6	7	8
9	10	11	12

L'aire est de 10 unités carrées.

1	2	3	4	5
6	7	8	9	10

1. Jonathan a recouvert un rectangle avec de petits carrés. Compte le nombre de carrés pour trouver l'aire.

a)

_____ unités carrées

b)

_____ unités carrées

c)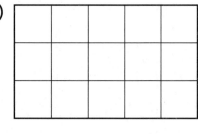

_____ unités carrées

2. Compte le nombre de petits carrés pour trouver l'aire.

a)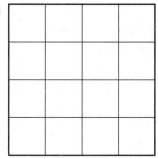

_____ unités carrées

b)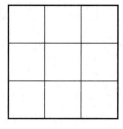

_____ unités carrées

c)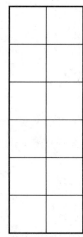

_____ unités carrées

d)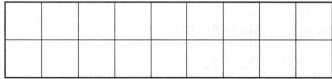

_____ unités carrées

Tu peux compter par bonds pour compter le nombre de carrés.

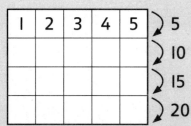

L'aire est de 20 unités carrées.

3. Utilise le comptage par bonds pour trouver l'aire.

a)

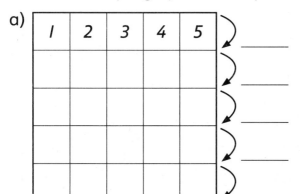

_____ unités carrées

b)

_____ unités carrées

c)

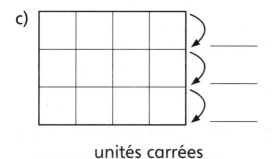

_____ unités carrées

d)

_____ unités carrées

e)

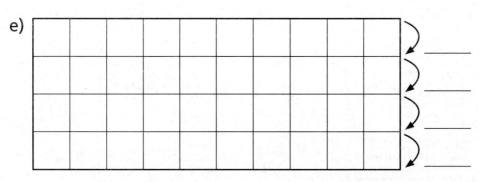

_____ unités carrées

ME3-12 Multiplier pour trouver l'aire

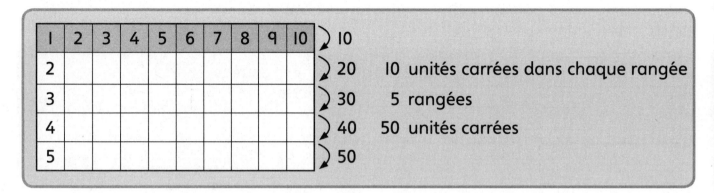

1	2	3	4	5	6	7	8	9	10	⟩ 10
2										⟩ 20
3										⟩ 30
4										⟩ 40
5										⟩ 50

10 unités carrées dans chaque rangée
5 rangées
50 unités carrées

I. Compte le nombre d'unités carrées dans chaque rangée. Compte le nombre de rangées. Écris l'aire en unités carrées.

a)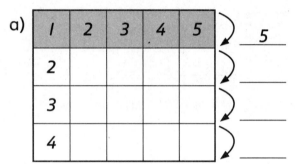

_____ unités carrées dans

chaque rangée, _____ rangées

Aire = _____ unités carrées

b)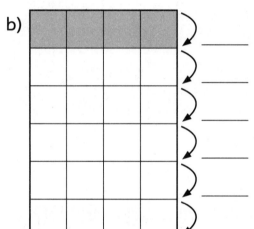

_____ unités carrées dans

chaque rangée, _____ rangées

Aire = _____ unités carrées

c)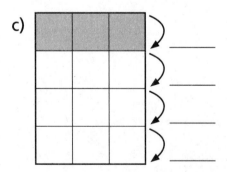

_____ unités carrées dans

chaque rangée, _____ rangées

Aire = _____ unités carrées

d)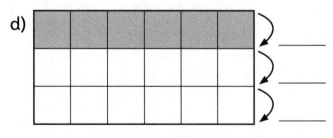

_____ unités carrées dans

chaque rangée, _____ rangées

Aire = _____ unités carrées

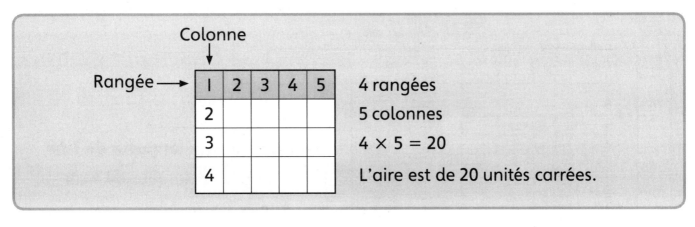

Colonne

Rangée →

1	2	3	4	5
2				
3				
4				

4 rangées

5 colonnes

$4 \times 5 = 20$

L'aire est de 20 unités carrées.

2. Compte le nombre de rangées et le nombre de colonnes. Multiplie pour trouver le nombre total d'unités carrées.

a)
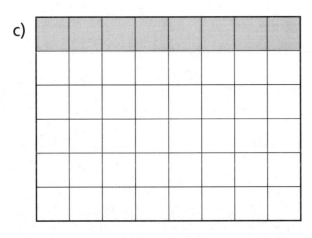

1	2	3	4
2			
3			
4			
5			

___5___ rangées   ___4___ colonnes

Aire = ___$5 \times 4 = 20$___ unités carrées

b)

_____ rangées   _____ colonnes

Aire = _____ unités carrées

c)

_____ rangées   _____ colonnes

Aire = _____ unités carrées

d)
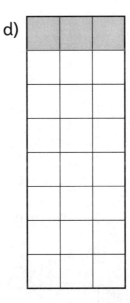

_____ rangées   _____ colonnes

Aire = _____ unités carrées

ME3-13 Estimer et mesurer l'aire

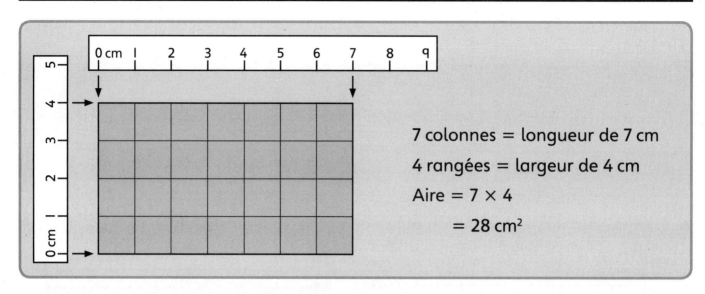

7 colonnes = longueur de 7 cm

4 rangées = largeur de 4 cm

Aire = 7 × 4

= 28 cm²

1. Mesure la longueur et la largeur du rectangle en centimètres.
   Multiplie-les pour trouver l'aire en cm².

a)

Longueur = _____ cm

Largeur = _____ cm

Aire = _____ × _____

= _____ cm²

b)

Longueur = _____ cm

Largeur = _____ cm

Aire = _____ × _____

= _____ cm²

c)

Longueur = _____ cm

Largeur = _____ cm

Aire = _____ × _____

= _____ cm²

2. Estime et mesure la longueur et la largeur du rectangle en centimètres. Trouve l'aire en cm².

a)

b)

	Estimation	Réel
Longueur	_____ cm	_____ cm
Largeur	_____ cm	_____ cm
Aire		

	Estimation	Réel
Longueur	_____ cm	_____ cm
Largeur	_____ cm	_____ cm
Aire		

3. Estime l'aire de la forme en blocs géométriques carrés. Recouvre la forme avec des blocs géométriques carrés pour mesurer l'aire.

a)

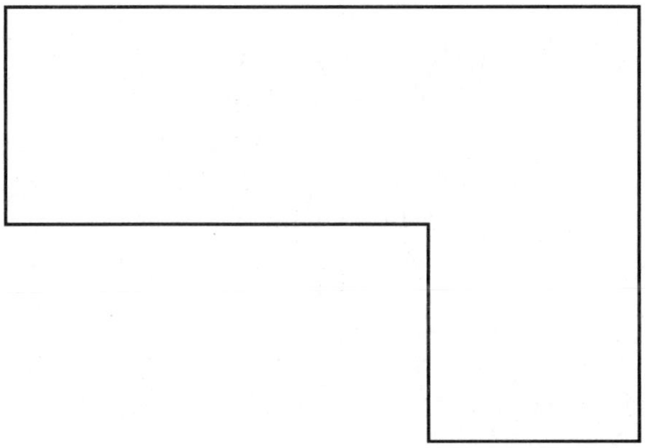

b)

Estimation : _____ carrés

Mesure : _____ carrés

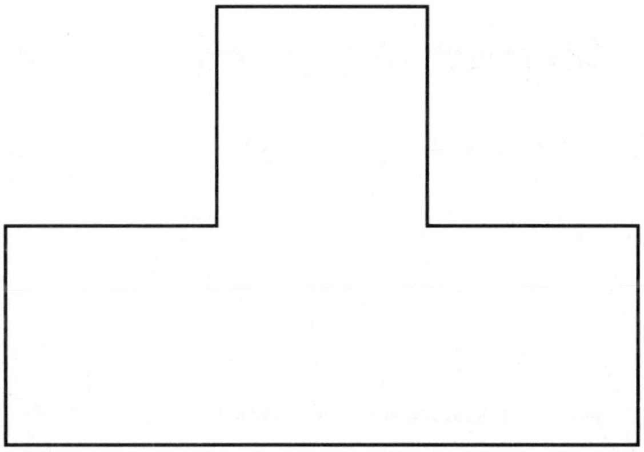

Estimation : _____ carrés

Mesure : _____ carrés

4. Sur du papier quadrillé, dessine un rectangle avec l'aire et le périmétre donnés.

a) L'aire est de 6 unités carrées et le périmètre est de 10 unités.

b) L'aire est de 6 unités carrées et le périmètre est de 14 unités.

c) L'aire est de 10 unités carrées et le périmètre est de 14 unités.

5. a) Les zones coloriées ont la même taille et la même forme. Trouve l'aire des zones coloriées en termes de grands carrés et de centimètres carrés.

A.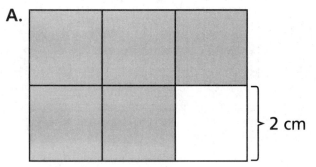

B.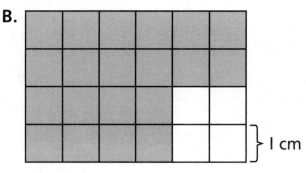

Aire de A = _____ grands carrés

Aire de B = _____ cm²

b) 1 grand carré = _____ cm²

c) Zara fait un rectangle à l'aide de 6 carrés de plus de 1 cm². L'aire du rectangle de Zara, a-t-elle plus de 6 cm²? Explique.

d) Les carrés de Zara ont des côtés de 2 cm de longueur. Quelle est l'aire du rectangle en centimètres carrés? Explique.

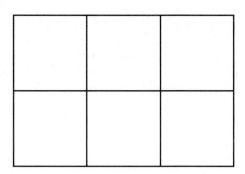

6. Chaque carré quadrillé a une longueur de 1 cm.

a) Trouve l'aire des parties coloriées.

b) Quelle est l'aire totale de la grille?

c) Quelle est l'aire qui n'est pas coloriée?

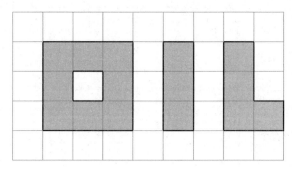

7. Peux-tu bâtir ou dessiner un carré avec l'aire donnée à l'aide de blocs géométriques carrés? Utilise du papier quadrillé, un géoplan ou des blocs géométriques carrés pour trouver la réponse.

a) 4 unités carrées

b) 6 unités carrées

c) 7 unités carrées

d) 9 unités carrées

8. Estime l'aire du dessus de ton bureau en la mesurant avec des livres de JUMP Math. Explique ta réponse.

PDM3-I Les tableaux de pointage

Tu peux utiliser des **tableaux de pointage** pour compter et enregistrer des données. Chaque barre correspond à I. Trace la 5e barre en croisée sur les autres.

$|$ = I $||$ = 2 $|||$ = 3 $||||$ = 4   ⊬ = 5   ⊬$|$ = 6   ⊬$||$ = 7   ⊬ ⊬ = I0

I. Quel nombre le tableau de pointage montre-t-il?

   a) ⊬ $||||$ = ___9___   b) ⊬ ⊬ $|$ = _____   c) ⊬ $|||$ = _____

2. Compte par 5 pour trouver le nombre montré par le tableau.

   a) ⊬ ⊬ ⊬ ⊬   b) ⊬ ⊬ ⊬ ⊬ ⊬   c) ⊬ ⊬ ⊬

   ___5, I0, I5, 20___   _____   _____

   d) ⊬ ⊬ ⊬   e) ⊬ ⊬ ⊬ ⊬ ⊬   f) ⊬ ⊬ ⊬ ⊬ ⊬
      ⊬ ⊬ ⊬ = ___30___   ⊬ ⊬ ⊬ = _____   ⊬ ⊬ ⊬ ⊬ = _____

3. Multiplie par 5 pour trouver le nombre montré par le tableau.

   a) ⊬ ⊬ ⊬ ⊬   b) ⊬ ⊬ ⊬ ⊬ ⊬ ⊬   c) ⊬ ⊬

   ___4 × 5 = 20___   _____   _____

4. Compte par 5, puis compte par I pour trouver le nombre montré par le tableau.
   a) ⊬ ⊬ ⊬ ⊬ $|||$ b) ⊬ ⊬ ⊬ $||$

   ___5, I0, I5, 20, 2I, 22, 23___   _____

   c) ⊬ ⊬ ⊬ ⊬ ⊬ ⊬ $|$ = _____   d) ⊬ ⊬ ⊬ ⊬ ⊬ $||||$ = _____

   e) ⊬ ⊬ ⊬ ⊬ ⊬ ⊬ ⊬ $||$ = _____   f) ⊬ ⊬ ⊬ ⊬ ⊬ ⊬ ⊬ $|||$ = _____

5. Multiplie par 5, puis ajoute les barres qui restent pour trouver le nombre montré par le tableau.

   a) ⊬ ⊬ ⊬ ⊬ $|||$ b) ⊬ ⊬ $||$

   ___(4 × 5) + 3 = 23___   _____

   c) ⊬ ⊬ ⊬ ⊬ $|$ d) ⊬ ⊬ ⊬ $||||$

   _____   _____

6. Trace les barres pour représenter le nombre.

a) 12 = $\underline{~\cancel{||||}~\cancel{||||}~||~}$

b) 3 = _____

c) 5 = _____

d) 6 = _____

e) 10 = _____

f) 11 = _____

g) 14 = _____

h) 15 = _____

i) 20 = _____

BONUS ▶ 53 = _____

7. Les élèves ont choisi leur fruit favori dans un sondage. Le tableau de pointage montre les résultats.

a) Écris le nombre représenté par chaque série de barres.

Fruit favori	Barre	Nombre d'élèves
Pommes	⌿⌿⌿⌿ ‖	7
Bananes	⌿⌿⌿⌿ ⌿⌿⌿⌿	
Oranges	⌿⌿⌿⌿ ‖	
Raisins	‖‖‖	
Pêches	‖‖	

b) Combien d'élèves ont choisi les oranges? _____

c) Combien d'élèves ont choisi les raisins? _____

d) Quel est le fruit le plus populaire? _____

e) Quel est le fruit le moins populaire? _____

f) Quels sont les fruits les plus populaires : oranges ou raisins? _____

g) Additionne les données pour trouver la réponse. Écris la phrase d'addition.

Combien d'élèves ont répondu au sondage?

Combien d'élèves ont choisi les pommes ou les bananes?

h) Soustrais les données pour trouver la réponse. Écris la phrase de soustraction.

Combien d'élèves de plus ont choisi les bananes plutôt que les pêches?

Combien d'élèves de moins ont choisi les pêches plutôt que les pommes?

i) Quel fruit est deux fois plus populaire que les pêches? Écris la phrase de multiplication.

Probabilité et traitement de données 3-1

PDM3-2 Diagrammes à droite numérique

1. Mesure la hauteur des fleurs au centimètre près.

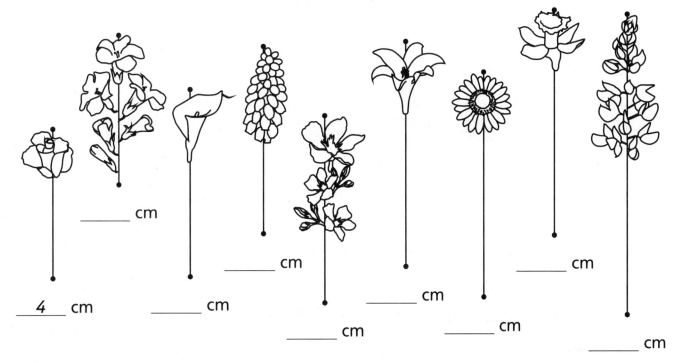

_____ cm

_____ 4 _____ cm

_____ cm

_____ cm

_____ cm

_____ cm

_____ cm

_____ cm

_____ cm

_____ cm

Nous pouvons montrer les mesures à l'aide d'un **diagramme à droite numérique**.

Voici le diagramme à droite numérique pour les données de la question 1.

Chaque ✕ montre une valeur de données.

Hauteur des fleurs ◄——— titre

```
                    ✕       ✕
            ✕       ✕       ✕
            ✕       ✕       ✕               ✕
        ◄——┼———————┼———————┼———————┼———————┼——►◄—— droite
            4       5       6       7       8        numérique
```

Hauteur (cm) ◄——— étiquette

---

2. a) Utilise le diagramme à droite numérique dans la case grise pour remplir le tableau.

   b) Combien de fleurs mesurent 7 cm? _____

   De quelle façon le diagramme à droite numérique montre-t-il cela?

   _____

   _____

   c) Où est-ce plus facile de voir le nombre de fleurs de chaque longueur, sur le

   diagramme à droite numérique ou dans le tableau? _____

Hauteur (cm)	Nombre de fleurs
4	2
5	
6	
7	
8	

3. a) Mesure la longueur des crayons au centimètre le plus près.

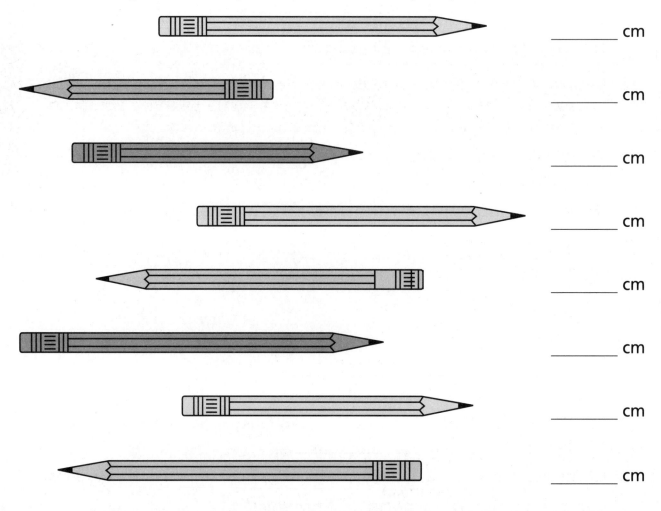

_____ cm

_____ cm

_____ cm

_____ cm

_____ cm

_____ cm

_____ cm

_____ cm

b) Quel est le titre du diagramme à droite numérique ci-dessous?

_____

Quelle est l'étiquette? _____

c) Quelle est la longueur du crayon le plus court? _____

Quelle est la longueur du crayon le plus long? _____

d) Remplis la droite numérique du diagramme. Commence avec la longueur du crayon le plus court.

e) Fais un ✘ pour chaque longueur de crayon sur le diagramme à bandes. Barre la longueur de la partie a) après avoir mis le ✘.

f) Quelle est la longueur de crayon la plus fréquente? _____

Longueur des crayons

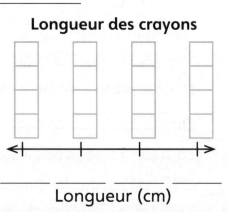

Longueur (cm)

4. Les élèves de la classe de Mary mesurent 10 pousses de bambou au centimètre le plus près. Mary écrit les résultats dans un tableau.

Hauteur (cm)	32	32	33	33	33	35	35	36	37	37

a) Le diagramme à droite numérique ci-dessous montrera la hauteur des pousses de bambou. Écris un titre et une étiquette pour le diagramme à droite numérique. Inclus l'unité de l'étiquette.

b) Complète la droite numérique pour le diagramme à droite numérique.

c) Écris un **X** dans le diagramme pour chaque hauteur dans le tableau. Barre la hauteur après avoir écrit un **X**.

Titre _____

Étiquette _____

d) Utilise le diagramme à droite numérique pour répondre aux questions.

Combien de pousses de bambou mesurent 33 cm? _____

Combien de pousses de bambou mesurent 34 cm? _____

Combien de pousses de bambou mesurent 36 cm? _____

Quel est le nombre total de pousses de bambou? _____

Combien de pousses de bambou mesurent moins de 34 cm? _____

BONUS ▶ Combien de pousses de bambou mesurent plus de 35 cm? _____

e) Quelle est la longueur de la plus longue pousse de bambou? _____

Quelle est la longueur de la plus courte pousse de bambou? _____

Quelle est la longueur la plus fréquente des pousses de bambou? _____

f) La plupart des pousses de bambou ont-elles plus ou moins de 34 cm? Explique.

BONUS ▶ Combien de pousses ont plus de 33 cm et moins de 36 cm?

PDM3-3 Lire les diagrammes à droite numérique

1. Les élèves comptent les poches sur leurs vêtements. Le diagramme à droite numérique montre le nombre de poches pour chaque élève.

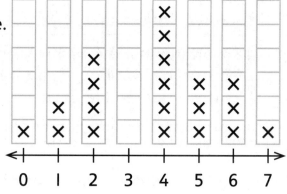

Poches sur nos vêtements aujourd'hui

Nombre de poches

a) Combien d'élèves ont le nombre de poches ci-dessous.

I poche _____

5 poches _____

0 poche _____

3 poches _____

7 poches _____

b) Quel est le plus grand nombre de poches? _____

Quel est le plus petit nombre de poches? _____

c) Quel est le nombre le plus fréquent de poches? _____

d) Combien d'élèves ont-ils compté leurs poches au total? _____

Comment le sais-tu? _____

> Dans a diagramme à la question I, les **4 ✗** au-dessus du nombre **2** sur la ligne des nombres montrent que **4** élèves ont **2** poches sur leurs vêtements.

2. Des élèves comptent les boutons.

Boutons sur nos vêtements aujourd'hui

Nombre de boutons

a) Un élève a 3 boutons. Encercle le ✗ qui montre cela.

b) Les ✗ en caractères gras montrent que les élèves ont _____ boutons sur leurs vêtements.

c) Quel est le plus grand nombre de boutons sur les vêtements des élèves sur le diagramme? _____

d) Que est le nombre le plus fréquent de boutons sur les vêtements des élèves sur le diagramme? _____

Combien d'élèves ont ce nombre de boutons? _____

e) Combien d'élèves ont compté leurs boutons pour le diagramme? _____

> Le **mode** est la valeur de données la plus fréquente.
>
> Dans l'ensemble 2, 3, 4, 4, 5, 5, 5, le mode est 5.

3. Encercle le mode de l'ensemble de valeurs de données.

   a) 2, 3, 3, 4, 5   b) 10, 10, 10, 13, 14, 14   c) 1, 3, 5, 5, 7, 7, 7

4. Écris les données en ordre, des plus petites aux plus grandes. Encercle le mode.

   a) 1, 3, 5, 7, 3, 5, 3   b) 10, 15, 13, 11, 21, 15   c) 321, 321, 87, 903

   _____   _____   _____

5. Regarde les diagrammes à droite numérique aux questions 1 et 2.

   a) Quel est le mode à la question 1? _____ poches

   b) Quel est le mode à la question 2? _____ boutons

   c) Comment peux-tu trouver le mode à partir d'un diagramme à droite numérique? _____

> L'ensemble de données 3, 3, 4, 4, 5, 6, 7 a deux modes, les nombres 3 et 4.
>
> L'ensemble de données 3, 3, 5, 5 n'a pas de mode. Chaque valeur apparaît le même nombre de fois.

6. Jake a ramassé 12 feuilles de bouleau. Le tableau montre la longueur des feuilles.

Longueur (cm)	3	5	4	7	3	5	5	3	7	7	4	8

   a) Trace un diagramme à droite numérique pour montrer la longueur des feuilles.

   b) Quels sont les modes de l'ensemble de données?

   c) Combien de feuilles de 7 cm de plus que de feuilles de 8 cm y a-t-il? Comment peux-tu voir cela sur le diagramme?

   d) Jake place toutes les feuilles de la même longueur bout à bout. Combien mesure chaque chaîne de feuilles? Utilise la fonction multiplication pour trouver les réponses.

   Feuilles de 3 cm   Feuilles de 4 cm   Feuilles de 5 cm   Feuilles de 7 cm

   e) Jake place les 12 feuilles bout à bout. Quelle est la longueur totale de toutes les feuilles?